POWER
FOOD!

Lustvoll schlemmen mit bioaktiven Substanzen

POWER FOOD!

Lustvoll schlemmen mit bioaktiven Substanzen

INHALT

4

Vorwort

BIOAKTIVE Substanzen sind in der Volksmedizin seit der Antike in Form von Lebensmitteln und Heilkräutern bekannt. Heute kennen wir die Inhaltsstoffe der Pflanzen, die für die heilenden und gesundheitsfördernden Eigenschaften verantwortlich sind. Zu den Bioaktiven Substanzen zählen die Ballaststoffe, die für den Körper und die Verdauung der Kost keine Belastung, sondern eine Entlastung darstellen. Die Wirkstoffe in fermentierten Lebensmitteln wie Sauerkraut und Joghurt sind immer noch nicht alle bekannt, aber ihre günstigen Wirkungen auf den Stoffwechsel sind unumstritten.

SCHLIESSLICH gibt es die große Gruppe der Sekundären Pflanzenstoffe, die nach der Photosynthese im sekundären Stoffwechsel der Pflanzen gebildet werden, die aber eine primäre Bedeutung für unsere Gesundheit haben. Sie können das Risiko, an Infektionen, Krebs und Herzkrankheiten zu leiden, deutlich senken. Es handelt sich um Geschmacks- und Farbstoffe sowie Schutz- und Regulationsstoffe, die auch sinnlich wahrgenommen werden können. Darin liegt ein unschätzbarer Vorteil gegenüber anderen Nahrungsinhaltsstoffen, die wir nicht sehen, riechen oder schmecken können, deren Gehalt nur durch chemische Analyse zu erfahren ist.

LEBENSMITTEL, die reich an Bioaktiven Substanzen sind, werden heute wärmstens – auch in roher Form – zum Verzehr empfohlen. Der große Vorteil dieser Lebensmittel ist, daß sie entsprechend zubereitet auch vorzüglich schmecken, so daß Genuß und Gesundheit gleichzeitig gegeben sind. Guten Appetit und beste Gesundheit.

Claus Leitzmann

Das Geheimnis der Bioaktiven Substanzen

Seit Jahrtausenden ist bekannt, daß Gemüse und Obst gesund sind. Bereits in der Antike galten Kohl, Linsen und andere Gemüse als Heilmittel, und beim Bau der Pyramiden im alten Ägypten bekamen die Arbeiter Knoblauch, Zwiebeln und Rettich zu essen, damit sie nicht krank wurden. Doch was genau diese Lebensmittel so gesund macht, kam erst in den letzten Jahren so richtig ans Licht.

LANGE Zeit interessierten sich die Ernährungswissenschaftler und Mediziner nur für die Inhaltsstoffe, die einen Nährwert haben oder lebens- und zufuhrnotwendig sind, wie Kohlenhydrate, Fette, Eiweiße, Vitamine und Mineralstoffe. Die anderen Stoffe in Pflanzen fanden kaum Beachtung. Sie galten als überflüssig für den Menschen oder wurden gar als gesundheitsschädlich eingestuft.

INSBESONDERE die Krebsforschung der letzten 20 Jahre brachte die Wissenschaftler auf die richtige Spur. Verschiedene internationale Studien kamen unabhängig voneinander zu dem Ergebnis, daß Menschen, die viel Obst und Gemüse essen, seltener an Krebs erkranken als Gemüsemuffel. So ist die Anzahl der Krebserkrankungen im Süden Europas geringer als in Nord- und Mitteleuropa. Dies spiegelt sich im Gemüseverzehr wider: Italiener und Griechen essen fast dreimal soviel Gemüse wie die Deutschen. Fleisch kommt in Südeuropa in geringeren Mengen auf den Tisch als bei uns. Ähnliches wurde in Asien beobachtet. Japaner, deren Kost reichlich Reis, Sojabohnen und Gemüse enthält, erkranken wesentlich seltener an bestimmten Krebsarten als Amerikaner. In die USA ausgewanderte Japaner, die sich dem »American way of life« angepaßt hatten, waren jedoch ebenso häufig von der Erkrankung betroffen wie alteingesessene US-Bürger.

ZUNÄCHST vermuteten die Krebsforscher, daß bestimmte Vitamine in Obst und Gemüse mit sogenannten antioxidativen Eigenschaften für die krebsvorbeugende Wirkung verantwortlich sind. Und tatsächlich zeigte sich, daß Menschen mit einem hohen Blutspiegel an Beta-Carotin, einer Vorstufe des Vitamin A, seltener herz- und krebskrank wurden als solche mit niedrigen Werten. Die darauf folgenden Untersuchungen mit den Vitaminen C, E und Beta-Carotin erwiesen sich jedoch nicht so wirksam wie zunächst vermutet. Die Vitamine zeigten zwar einen gewissen Einfluß, der aber die Schutzwirkung von Obst und Gemüse nicht ausreichend erklären konnte. Die Krebsforscher folgerten, daß andere Faktoren einer pflanzenreichen Ernährung für den günstigen Einfluß mit verantwortlich sein müssen. Die hohen Blutspiegel an Beta-Carotin waren vermutlich bloß Marker für viele andere wirkungsvolle Stoffe in pflanzlichen Lebensmitteln. So enthält Gemüse neben Beta-Carotin noch weitere Carotinoide, die ähnliche Eigenschaften besitzen. Dies machte die Experten auf die Sekundären Pflanzenstoffe aufmerksam.

ALS die Forschung erst einmal in diese Richtung gelenkt wurde, konnte sie einen Erfolg nach dem anderen melden.

Nicht nur im Einsatz gegen Krebs zeigten sich die Stoffe aus den Pflanzen erfolgreich, sie wirkten sich auch auf zahlreiche andere Vorgänge im Körper gesundheitsfördernd aus: sie wehren Bakterien ab, stärken unsere Abwehrkräfte und verringern Risikofaktoren für Herz-Kreislauf-Erkrankungen. Weil diese Pflanzenstoffe aktiv in unseren Stoffwechsel eingreifen, werden sie als Bioaktive Substanzen bezeichnet. Sie finden sich nicht nur in Obst und Gemüse, sondern auch in Kräutern, Getreide, Hülsenfrüchten, Nüssen und Samen wie Sonnenblumenkernen, Sesam und Leinsamen – also in allen pflanzlichen Lebensmitteln. Neben den Sekundären Pflanzenstoffen werden auch alle anderen wirksamen Nahrungsinhaltsstoffe, die keine Nährstoffe sind, zu den Bioaktiven Substanzen gezählt. Also auch Ballaststoffe und Substanzen aus milchsauer fermentierten Lebensmitteln wie Joghurt oder Sauerkraut.

Neu entdeckt: Schutzstoffe in Pflanzen

DIE Bezeichnung sekundär haben die Pflanzenstoffe nicht etwa, weil sie zweitrangig sind. Vielmehr werden sie so von den primären Pflanzenstoffen unterschieden, zu denen die Hauptbestandteile der Pflanzen, also Kohlenhydrate, Fette und Eiweiße, zählen. Sekundäre Pflanzenstoffe kommen in Pflanzen meist nur in geringen Mengen vor. Botanikern sind sie schon seit langem bekannt, weil sie in den Pflanzen wichtige Aufgaben erfüllen. Als Farbstoffe von bunten Blüten locken sie Insekten an, die für die Bestäubung der Pflanzen sorgen. Farb- und Geschmacksstoffe in Früchten sorgen dafür, daß diese von Vögeln und anderen Tieren gefressen werden und sich die Samen weiter verbreiten können. Andere Stoffe wiederum schützen die Pflanzen vor Schädlingen und Krankheiten oder regulieren ihr Wachstum. Botaniker schätzen, daß es mindestens 30000 unterschiedliche Wirkstoffe in Pflanzen gibt. Etwa 10000 davon befinden sich in eßbaren Pflanzen, also in unseren Lebensmitteln. Verständlich, daß bei dieser großen Zahl an Verbindungen bisher nicht alle genau erforscht sind. Allein in Weißkohl wurden 49 verschiedene Sekundäre Pflanzenstoffe gefunden; und von den gelb-roten Farbstoffen, den Carotinoiden, gibt es mehr als 600 Verbindungen.

Zu den Bioaktiven Substanzen gehören:

SEKUNDÄRE PFLANZENSTOFFE

BALLASTSTOFFE

SUBSTANZEN IN FERMENTIERTEN LEBENSMITTELN WIE MILCHSÄURE UND MILCHSÄUREBAKTERIEN

BEI den Sekundären Pflanzenstoffen handelt es sich um chemisch ganz unterschiedliche Verbindungen. Um den Überblick zu bewahren, hat man sie zu neun großen Gruppen zusammengefaßt, die einen ähnlichen chemischen Aufbau oder ähnliche Wirkungen haben:

➤ Carotinoide
➤ Glucosinolate
➤ Phytoöstrogene
➤ Phytosterine
➤ Polyphenole
➤ Protease-Inhibitoren
➤ Saponine
➤ Sulfide
➤ Terpene

DARÜBER hinaus gibt es noch eine Reihe von einzelnen Verbindungen, die sich keiner Gruppe zuordnen lassen. Die Phytinsäure aus Getreide, Hülsenfrüchten und anderen Samen zählt ebenso dazu wie die Tocotrienole aus Getreide und der grüne Farbstoff Chlorophyll.

Die Sekundären Pflanzenstoffe:
➤ beugen Krebs vor
➤ unterdrücken Bakterien, Viren und Pilze
➤ verhindern schädliche Oxidationen
➤ beugen Blutgerinnseln vor
➤ stärken das Immunsystem
➤ hemmen Entzündungen
➤ normalisieren den Cholesterinspiegel

Farbenfrohe Vielfalt: Carotinoide

IM Pflanzenreich fallen Carotinoide als gelb-rote Farbstoffe auf. Möhren, Kürbisse, Tomaten und Aprikosen enthalten reichlich von den nützlichen Verbindungen. Aber auch in Spinat oder Grünkohl verbergen sich die farbigen Substanzen. Es gibt über 600 verschiedene Carotinoide, am bekanntesten und besten erforscht ist das Beta-Carotin. Studien an großen Bevölkerungsgruppen haben gezeigt, daß Personen mit hohem Carotinoidgehalt im Blut seltener an Krebs und Herz-Kreislauf-Störungen erkranken. Wissenschaftler machen hauptsächlich die antioxidativen Eigenschaften der Carotinoide dafür verantwortlich. Sie verhindern, daß aggressive Sauerstoffverbindungen die Erbsubstanz oder die Gefäßwände angreifen. Darüber hinaus hemmen sie ein unkontrolliertes Wachstum der Tumorzellen und regen die Bildung von Immunstoffen an. Carotinoide in gelben und roten Früchten werden aus erhitztem und zerkleinertem Gemüse mit etwas Fett besonders gut vom Körper aufgenommen. Carotinoide in Spinat, Broccoli, Blattsalat und Kiwis verlieren dagegen beim Erhitzen einen Teil ihrer Wirkung. Wer sowohl unerhitztes als auch gegartes Obst und Gemüse verzehrt, ist daher am besten versorgt.

Mit würzender Schärfe: Glucosinolate

DER scharfe Geschmack von Meerrettich, Kresse, Senf und Kohlgemüse wird von den Glucosinolaten, auch Senföle genannt, hervorgerufen. Erst wenn das Gemüse zerkleinert wird und die Glucosinolate mit Sauerstoff in Berührung kommen, entstehen die wirksamen Verbindungen. Kresse und Meerrettich sind als bewährte Hausmittel gegen Blasenentzündungen und Husten seit Jahrhunderten bekannt. Wissenschaftler haben die Wirksamkeit mit modernen Analysemethoden bestätigt. Die scharfen Senföle werden über die Harn- und Atemwege ausgeschieden und vertreiben so an Ort und Stelle unerwünschte Bakterien. Die aromatischen Verbindungen verhindern zusätzlich, daß krebserregende Substanzen dem Körper gefährlich werden können. In einer Untersuchung wirkte sich der tägliche Verzehr von 300 Gramm Rosenkohl günstig auf ein körpereigenes Entgiftungsenzym aus. Da die scharfen Senföle auch auf den Hormonstoffwechsel Einfluß haben, bremsen sie möglicherweise die Entstehung von hormonabhängigen Krebsarten. Hitze bekommt diesen Verbindungen nicht besonders gut. Deswegen sollten regelmäßig frische Kresse, Senf und Kohlsalate auf dem Speiseplan stehen.

In ballaststoffreichen Lebensmitteln: Phytoöstrogene

IHRE Bezeichnung Phytoöstrogene erhielten diese Pflanzenstoffe, weil sie dem menschlichen Hormon in Aufbau und Wirkung sehr ähnlich sind. Sie lassen sich zwei Untergruppen, den Isoflavonoiden und den Lignanen, zuordnen. Während die Isoflavonoide nur in Hülsenfrüchten vorkommen, vorwiegend in Sojabohnen, sind die Lignane in vielen anderen Pflanzen weit verbreitet. Als Gerüstsubstanz von Zellwänden stabilisieren sie die Randschichten von Getreide und Samen, aber auch von einigen Gemüsear-

ten wie Kohl. Aufgrund ihrer hormonähnlichen Wirkung scheinen sie vor allem Brust- oder Gebärmutterhalskrebs vorzubeugen. Japanerinnen, die viele Sojabohnen essen, erkranken sehr viel seltener an Brustkrebs als Frauen in Europa. Entsprechend fanden sich im Blut japanischer Frauen deutlich mehr Phytoöstrogene. Hier tragen vor allen Dingen Vollkornprodukte, Pflanzenöle und Leinsamen zur Aufnahme dieser Sekundären Pflanzenstoffe bei. Selbst in erhitzter Form behalten Phytoöstrogene ihre Wirkung.

Senken den Cholesterinspiegel: Phytosterine

STERINE dienen den Pflanzen überwiegend als Botenstoffe. Sie kommen vor allem in fettreichen Pflanzenteilen, etwa in Samen wie Sonnenblumenkernen, Sesam und Sojabohnen vor. Auch die Öle dieser Samen enthalten reichlich Phytosterine. Bei der Raffination der Öle werden sie größtenteils entfernt. Besonders wertvoll sind daher kaltgepreßte, unraffinierte Pflanzenöle, wie es sie vornehmlich in Reformhäusern und Naturkostläden zu kaufen gibt. Phytosterine werden nur in geringen Mengen vom Körper aufgenommen. Ihre nützliche Wirkung entfalten sie vor allem im Verdauungstrakt. Da sie vermutlich mit Cholesterin aus tierischen Lebensmitteln um die Aufnahme in den Körper konkurrieren, tragen sie zu einer niedrigeren Cholesterinaufnahme bei. Auch eine Schutzwirkung gegenüber Dickdarmkrebs haben Experten beobachtet.

Herzschutz und Krebsbremse: Polyphenole

Zu den Polyphenolen zählt eine Vielzahl von Verbindungen, die in fast allen Pflanzen vorkommen. Obst, Gemüse und Kräuter enthalten den Sekundären Pflanzenstoff ebenso wie Getreide, Hülsenfrüchte und Nüsse. In Pflanzen erfüllen sie die unterschiedlichsten Aufgaben: In den Randschichten von Möhren, Tomaten und Kartoffeln schützen sie das darunterliegende Gewebe vor Verderb; als Farbstoffe färben sie Zwiebelschalen gelb und Kirschen rot. Zwei große Gruppen stellen die Phenolsäuren und die Flavonoide dar. Phenolsäuren sind auch als Gerbsäuren bekannt und geben Walnüssen, Trauben und schwarzem Tee ihren teilweise herben Geschmack. Beim Menschen tragen sie dazu bei, daß bösartige Veränderungen der Zellen weniger Chancen haben; außerdem schützen sie vor Infektionen. Patienten mit empfindlichen Harnwegen, die ein halbes Jahr lang regelmäßig phenolsäurereichen Moosbeerensaft, vergleichbar mit Heidelbeersaft, tranken, erkrankten nur noch halb so häufig an Blasenentzündung wie eine Vergleichsgruppe. Die farbigen Flavonoide nehmen wir hauptsächlich über Obst und Gemüse auf. Sie sind vermutlich die wirksamsten Antioxidantien in Lebensmitteln und schützen die menschlichen Zellen vor aggressiven freien Radikalen (siehe Seite 20). Personen, die viel Flavonoide aufnehmen, erkranken seltener an Herzinfarkt. Da der Sekundäre Pflanzenstoff sich häufig in oder direkt unter der Schale befindet, sollten wir Obst und Gemüse, soweit es möglich ist, mit der Schale essen. Ebenso enthalten Brot, Nudeln und Reis aus vollem Korn mehr Polyphenole als Weißmehlprodukte, bei denen die Randschichten des Getreides entfernt wurden.

Nützliche Abblocker: Protease-Inhibitoren

HÜLSENFRÜCHTE, aber auch Getreide, sind gute Quellen für Protease-Inhibitoren. Der Sekundäre Pflanzenstoff verhindert in den Samen, daß gespeicherte Eiweiße zu früh abgebaut werden. Zunächst befürchteten Wissenschaftler, daß diese Stoffe die Ausnutzung von Nahrungsproteinen verschlechtern. Bei den geringen Mengen an Hülsenfrüchten, die wir verzehren, scheint dies jedoch kein Problem zu sein. Vielmehr trägt gerade diese hemmende Wirkung dazu bei, daß Krebszellen nicht mehr so gut wachsen können. Bestimmte Protease-Inhibitoren, beispielsweise aus Soja- und Limabohnen, verhindern zudem, daß aggressive Sauerstoffverbindungen in den Zellen Schaden anrichten. Da diese Wirkungen vor allem nach Verzehr von Lebensmitteln in unerhitzter Form beobachtet wurden, ist es sinnvoll, gelegentlich kleine Mengen Linsen- oder Mungobohnensprossen zu essen.

Schützen vor Darmkrebs: Saponine

BESONDERS Hülsenfrüchte wie Erbsen, Linsen und Bohnen enthalten viele Saponine. In großen Mengen verzehrt gelten bestimmte Sorten als schädlich, weil sie die roten Blutkörperchen schädigen können. Mittlerweile haben Wissenschaftler jedoch festgestellt, daß Saponine nur in geringen Mengen vom Körper aufgenommen werden. Im Magen-Darm-Trakt leisten sie nützliche Dienste: sie binden im Darm Cholesterin aus der Nahrung und verhindern dadurch, daß es ins Blut gelangt. Darüber hinaus scheinen sie die Zellteilung im Darm zu verringern und so Dickdarmkrebs vorzubeugen. Tierversuche weisen zudem darauf hin, daß sich Saponine günstig auf das Immunsystem auswirken, weil sie die Bildung von Antikörpern anregen. Mäuse, denen der Sekundäre Pflanzenstoff unter das Futter gemischt wurde, konnten sich erfolgreich gegen Viren wehren, die Tollwut verursachen. Saponine lassen sich von Hitze wenig anhaben, können aber ins Einweich- oder Kochwasser übergehen. Daher sollten Sie beim Garen von Hülsenfrüchten das Einweichwasser immer mitverwenden.

Viele gute Eigenschaften: Sulfide

DIE schwefelhaltigen Verbindungen geben Knoblauch, Zwiebeln und Lauch ihr scharfes Aroma. Erst wenn das Gemüse aufgeschnitten wird, werden die scharfen Substanzen freigesetzt und treiben einem die Tränen in die Augen. Ihre Wirkung gegen unerwünschte Mikroorganismen ist seit langem bekannt. Besonders Knoblauch gilt als das natürliche Antibiotikum. Noch im Zweiten Weltkrieg wurden die scharfen Zehen gegen Wundbrand eingesetzt. Die Sulfide machen nicht nur Bakterien, Viren und Pilzen das Leben schwer, auch in der Krebsprävention, der Immunabwehr und bei hohen Cholesterinwerten erwiesen sie sich als nützlich. Personen, die täglich eine kleine Knoblauchzehe aßen, produzierten deutlich mehr Killerzellen als eine Vergleichsgruppe, die keinen Knoblauch auf dem Speiseplan hatte. Die schwefelhaltigen Verbindungen aus Knoblauch und Zwiebeln verhindern zudem, daß das Blut in unseren Adern unnötig gerinnt. Insbesondere für herzinfarktgefährdete Patienten ist dies von Bedeutung, da Blutgerinnsel die verengten Gefäße leicht verstopfen können. Die scharfen Verbindungen verflüchtigen sich allerdings recht schnell. Wer sie optimal nutzen will, sollte regelmäßig frischen Knoblauch und Zwiebeln essen.

Betören durch Duft und Aroma: Terpene

TERPENE verleihen vielen Pflanzen ihr ganz typisches Aroma. Sie sind in Kräutern, Gewürzen und Früchten enthalten. Bekannt sind beispielsweise Menthol aus Pfefferminze, Carvon aus Kümmel und Limonen aus Zitronen. In Tierversuchen haben sie sich als krebsvorbeugend erwiesen. Vermutlich tragen die aromatischen Substanzen dazu bei, daß sich krebserregende Stoffe wie Nitrosamine im Körper erst gar nicht bilden. Da sich die wertvollen Aromastoffe allerdings schnell verflüchtigen, sollten Kräuter und einige Gewürze den Speisen erst unmittelbar vor dem Servieren zugegeben werden.

Die wichtigsten Sekundären Pflanzenstoffe

SALAT UND GEMÜSE

➤ **BLATTSALATE**
Carotinoide, Flavonoide, Phenolsäuren

➤ **BLUMENKOHL**
Glucosinolate, Flavonoide, Phenolsäuren

➤ **BROCCOLI**
Glucosinolate, Carotinoide, Flavonoide, Phenolsäuren

➤ **CHINAKOHL**
Glucosinolate, Flavonoide, Phenolsäuren

➤ **CHICORÉE**
Carotinoide, Bitterstoffe, Phenolsäuren

➤ **FENCHEL**
Carotinoide, Terpene, Phenolsäuren

➤ **GURKEN**
Phenolsäuren, Chlorophyll

➤ **GRÜNKOHL**
Glucosinolate, Carotinoide, Flavonoide, Phenolsäuren

➤ **KNOBLAUCH**
Flavonoide, Phenolsäuren

➤ **KNOLLENSELLERIE**
Terpene, Polyphenole

➤ **KOHLRABI**
Glucosinolate, Flavonoide, Phenolsäuren

➤ **KÜRBIS**
Carotinoide, Phenolsäuren

➤ **LAUCH**
Sulfide, Flavonoide, Carotinoide, Phenolsäuren

➤ **MÖHREN**
Carotinoide, Polyphenole, Phytosterine

➤ **PAPRIKA**
Carotinoide, Phenolsäuren

➤ **RADIESCHEN**
Glucosinolate, Flavonoide, Phenolsäuren

➤ **RETTICH**
Glucosinolate, Phenolsäuren

➤ **ROSENKOHL**
Glucosinolate, Carotinoide, Flavonoide, Phenolsäuren

➤ **ROTE BETE**
Flavonoide, Phenolsäuren

➤ **SPINAT**
Carotinoide, Phenolsäuren, Phytosterine

➤ **TOMATEN**
Carotinoide, Saponine, Polyphenole

➤ **WEISSKOHL/ROTKOHL**
Glucosinolate, Flavonoide, Phenolsäuren

➤ **WIRSING**
Glucosinolate, Flavonoide, Carotinoide, Phenolsäuren

➤ **ZUCCHINI**
Phenolsäuren

➤ **ZWIEBELN**
Sulfide, Flavonoide, Phenolsäuren

OBST

➤ **ÄPFEL**
Flavonoide, Phenolsäuren

➤ **APRIKOSEN**
Carotinoide, Phenolsäuren

➤ **ERDBEEREN**
Flavonoide, Polyphenole, Phenolsäuren

➤ **GRAPEFRUITS**
Carotinoide, Flavonoide, Phenolsäuren, Terpene

➤ **HEIDELBEEREN**
Flavonoide, Phenolsäuren

➤ **HIMBEEREN**
Flavonoide, Polyphenole

➤ **JOHANNISBEEREN**
Flavonoide, Phenolsäuren

➤ **KIRSCHEN**
Flavonoide, Phenolsäuren

➤ **KIWIS**
Carotinoide, Flavonoide

➤ **ORANGEN**
Flavonoide, Carotinoide, Phenolsäuren, Terpene

➤ **PREISELBEEREN**
Flavonoide, Phenolsäuren

➤ **WEINTRAUBEN**
Flavonoide, Phenolsäuren

GETREIDE, HÜLSENFRÜCHTE...

➤ **BOHNEN**
Protease-Inhibitoren, Saponine, Phenolsäuren, Flavonoide

➤ **BUCHWEIZEN**
Phytinsäure, Phenolsäuren

➤ **ERBSEN**
Protease-Inhibitoren, Saponine,
Flavonoide, Phytinsäure, Phenolsäuren

➤ **GERSTE**
Phenolsäuren, Phytoöstrogene, Protease-Inhibitoren,
Saponine, Phytinsäure

➤ **HAFER**
Protease-Inhibitoren, Phytinsäure, Phenolsäuren,
Phytosterine, Saponine

➤ **LINSEN**
Protease-Inhibitoren, Saponine, Flavonoide, Phytinsäure,
Phenolsäuren

➤ **MAIS**
Protease-Inhibitoren, Carotinoide, Phenolsäuren

➤ **REIS**
Protease-Inhibitoren, Phenolsäuren,
Saponine, Phytinsäure

➤ **ROGGEN**
Phenolsäuren, Phytoöstrogene, Protease-Inhibitoren,
Saponine, Phytinsäure

➤ **SOJABOHNEN**
Saponine, Phytoöstrogene, Protease-Inhibitoren,
Phytosterine, Phytinsäure, Flavonoide, Phenolsäuren

➤ **WEIZEN**
Phenolsäuren, Phytoöstrogene, Protease-Inhibitoren,
Saponine, Phytinsäure

Unverdaulich und trotzdem notwendig: Ballaststoffe

BALLASTSTOFFE kommen in allen Pflanzenteilen vor. Als Gerüstsubstanzen stabilisieren sie pflanzliche Zellwände und als Schleime schützen sie die Zellen vor dem Austrocknen. Weil sie von den Verdauungsenzymen des menschlichen Organismus nicht aufgeschlossen werden können, hielten Wissenschaftler sie lange Zeit für überflüssigen Ballast und bestenfalls als Viehfutter geeignet. Doch diese Auffassung hat sich völlig gewandelt: Heute sorgen sich Wissenschaftler, daß wir zu wenig dieser Pflanzenstoffe aufnehmen und dadurch das Risiko für Herz-Kreislauf-Erkrankungen und Dickdarmkrebs erhöhen. Denn obwohl Ballaststoffe vom menschlichen Stoffwechsel nicht direkt verwertet werden, erfüllen sie wichtige Aufgaben. Sie gelangen unbeschadet in den Dickdarm, wo sie teilweise von Darmbakterien abgebaut werden. Dies fördert zum einen eine gesunde Darmflora und zum anderen entstehen dabei Substanzen, die die Entwicklung von Dickdarmkrebs verhindern. Auch auf den Cholesterinspiegel und möglicherweise auf zu hohe Blutdruckwerte wirken sich die unverdaulichen Substanzen günstig aus. So ist es nicht verwunderlich, daß in einer Untersuchung Männer, die viel Ballaststoffe in Form von Vollkornprodukten aufnahmen, seltener an Herzinfarkt erkrankten als solche, deren Kost wenig Ballaststoffe enthielt. Besonders bestimmte Ballaststoffe aus Hafer, Äpfeln und Beeren sorgen dafür, daß der Cholesterinspiegel nicht zu hoch steigt. Ein Müsli mit Haferflocken und Obst ist daher das ideale Gericht, um Herzinfarkt vorzubeugen. In Getreide sitzen die vorteilhaften Stoffe vor allem in den Randschichten. Deshalb sind sie hauptsächlich in Vollkornprodukten enthalten. Weißmehlprodukte oder geschälte Haferflocken enthalten kaum noch Ballaststoffe.

ERNÄHRUNGSWISSENSCHAFTLER empfehlen, pro Tag mindestens 30 Gramm Ballaststoffe aufzunehmen. Wer täglich Obst, Gemüse und Getreide in Form von Vollkornbrot, Vollkornnudeln, Vollkornreis oder Vollkornflocken ißt, erreicht diese Mengen ohne Probleme. Auch Kartoffeln und besonders Hülsenfrüchte tragen zur Ballaststoffversorgung bei.

Ballaststoffreiche Lebensmittel

LEBENSMITTEL	BALLASTSTOFFE PRO 100 g
Müsli	14,3
Haferflocken	9,5
Trockenpflaumen	9,0
Roggenvollkornbrot	8,9
Weizenvollkornbrötchen	7,7
Roggenbrot	6,8
rote Bohnen	6,0
Himbeeren	4,7
Vollkornnudeln	4,4
Rosenkohl	4,4
Broccoli	3,0
Linsen	2,8
Äpfel	2,1
Kartoffeln	1,9
Blattsalat	1,6
helle Nudeln	1,5

Nützliches in Joghurt und Sauerkraut: Milchsäurebakterien

DIE milchsaure Gärung, auch Fermentation genannt, ist ein altes Konservierungsverfahren und wird seit Tausenden von Jahren dazu genutzt, Lebensmittel haltbar zu machen. Es ist das einzige Verfahren zur Haltbarmachung von Nahrungsmitteln, bei dem der Gehalt an wertvollen Inhaltsstoffen erhalten bleibt oder teilweise sogar erhöht wird. Am bekanntesten sind bei uns zu Sauerkraut vergorener Weißkohl und zu Joghurt vergorene Milch.

BEI der Fermentation wandeln Milchsäurebakterien die Kohlenhydrate aus Gemüse und den Milchzucker der Milch zu Milchsäure um. Die Milchsäure sorgt dafür, daß die Milch fest wird und die Lebensmittel nicht so schnell verderben. Zudem gibt sie Joghurt und Sauerkraut den typischen säuerlichen Geschmack. Zur Fermentation eignen sich viele Lebensmittel: Gemüse, Hülsenfrüchte, Getreide, Milch, Fleisch und Fisch. Bei uns sind neben Sauerkraut auch milchsauer eingelegte Gemüse wie beispielsweise rote Bete, Sellerie und Gurken bekannt. Bei den Milchprodukten zählen außer Joghurt noch Sauermilch, Dickmilch, Buttermilch und Kefir dazu.

DIE wohltuende Wirkung von milchsauren Produkten auf die Gesundheit wird seit vielen Jahrzehnten beobachtet. Der russische Forscher und Nobelpreisträger Elie Metchnikoff vermutete bereits Anfang dieses Jahrhunderts, daß die Bulgaren so alt wurden, weil sie täglich Sauermilch tranken. Besonders die Krebsforschung der letzten Jahrzehnte hat den gesundheitlichen Nutzen bestätigt. Die Milchsäurebakterien tragen im Darm des Menschen dazu bei, daß sich weniger krebserregende Substanzen bilden. Darüber hinaus regen sie das Immunsystem an und schützen so ebenfalls vor Krebs und Infektionen. In einer Untersuchung aßen die Teilnehmer jeden Tag 200 Gramm Joghurt. Daraufhin stieg die Zahl der natürlichen Killerzellen und anderer Immunfaktoren in ihrem Blut an.

BESONDERS erfolgreich sind die Milchsäurebakterien bei der Abwehr von krankheitserregenden Bakterien und Viren. Wenn sie regelmäßig aufgenommen werden, beeinflussen sie die Darmflora positiv. Unerwünschte Bakterien oder Mikroorganismen wie Salmonellen haben so weniger Chancen, sich auszubreiten. Mit isolierten Milchsäurebakterien konnte in einer Studie ein hartnäckiger Durchfall bei Kindern geheilt werden. Nicht alle Milchsäurebakterien sind gleich wirksam. Einige Lebensmittelhersteller sind daher dazu übergegangen, ihre Joghurts mit besonders aktiven Lactobazillen und Bifidobakterien anzureichern. Solche probiotischen Milchprodukte sind allerdings nur sinnvoll, wenn sie keinen Zucker und keine Zusatzstoffe enthalten.

GENERELL können die Milchsäurebakterien ihre Wirkung nur entfalten, wenn sie lebend unseren Dickdarm erreichen. Wärmebehandelter Joghurt oder erhitztes Sauerkraut sind daher weniger wirksam. Unerhitzter Naturjoghurt aus dem Kühlregal und roher Sauerkrautsalat tun unserer Gesundheit dagegen sehr gut.

Gesund mit
Bioaktiven Substanzen

Schutz vor Krebs

AN der Erforschung der Krebsentstehung haben sich Wissenschaftler jahrzehntelang die Zähne ausgebissen. Mit Erfolg: Heute weiß man erheblich mehr über die Ursachen von Krebs als noch vor 20 Jahren. Wie bei vielen anderen Krankheiten auch ist es ein Bündel von Faktoren, das unsere Zellen entarten läßt. Als Hauptrisikofaktor gilt das Rauchen, das vor allem mit Lungenkrebs, aber auch mit Mundhöhlen-, Speiseröhren- und Gebärmutterhalskrebs in Zusammenhang gebracht wird. An zweiter Stelle der Negativskala folgen ungünstige Ernährungsgewohnheiten. Experten schätzen, daß sie 30 bis 40 Prozent aller bösartigen Tumoren verursachen. Vor allem Krebserkrankungen von Magen, Darm, Mundhöhle, Speiseröhre, Kehlkopf und Bauchspeicheldrüse sind davon betroffen. Ein Zusammenhang zu Brust- und Prostatakrebs wird vermutet. Als besonders ungünstig schätzen Forscher einen hohen Verzehr von Fett und eine geringe Aufnahme von Obst und Gemüse ein. Zahlreiche internationale Studien belegen, daß Menschen, die reichlich Obst und Gemüse essen, besser vor Krebserkrankungen geschützt sind.

ALS die Wissenschaftler nach Ursachen für diese Beobachtungen suchten, fanden sie in nahezu jedem pflanzlichen Lebensmittel Stoffe, die einer Krebsentstehung entgegenwirken. Praktisch alle Bioaktiven Substanzen beeinflussen in irgendeiner Form das Krebsgeschehen. Dabei greifen sie an ganz unterschiedlichen Stellen der Tumorentwicklung ein. Einige Substanzen verhindern, daß krebsauslösende Verbindungen Schaden anrichten können, andere behindern das Wachstum bereits geschädigter Zellen. Polyphenole und Sulfide tragen beispielsweise dazu bei, daß krebserregende Nitrosamine erst gar nicht entstehen. Durch bestimmte Glucosinolate aus Kohlgemüse und Phenolsäuren haben Umweltschadstoffe weniger Chancen, unseren Zellen gefährlich zu werden. Ballaststoffe binden krebserregende Gallensäuren im Darm. Zudem sorgen sie dafür, daß der Speisebrei möglichst schnell durch den Verdauungskanal wandert, so daß krebserregende Substanzen nicht viel Zeit haben, die Darmzellen zu schädigen. Wissenschaftler des amerikanischen Krebsinstitutes haben errechnet, daß Menschen, die reichlich Ballaststoffe aufnehmen, ein um 40 Prozent verringertes Risiko haben, an Dickdarmkrebs zu erkranken.

ANTIOXIDANTIEN wie Carotinoide und Flavonoide erschweren es den freien Radikalen (siehe Seite 20), unsere Erbsubstanz anzugreifen. Phytoöstrogene aus Hülsenfrüchten und Getreide sowie Carotinoide können das Wachstum der Tumorzellen verringern.

MILCHSÄUREBAKTERIEN haben sich ebenfalls als vorbeugend gegen Dickdarmkrebs erwiesen.

UM sich vor Krebs zu schützen, empfehlen Krebsspezialisten, jeden Tag etwa 500 Gramm Obst und Gemüse sowie regelmäßig Hülsenfrüchte und Vollkornprodukte zu essen. Bei einer solchen Kost werden meist automatisch weniger krebsfördernde Stoffe wie viel Fett, Kochsalz sowie geräucherte und gepökelte Waren aufgenommen.

Wenig Chancen für Herz-Kreislauf-Erkrankungen

AN Herz-Kreislauf-Erkrankungen wie Herzinfarkt oder Schlaganfall stirbt etwa jeder zweite Bundesbürger. Da sich die Erkrankung erst nach dem Zweiten Weltkrieg richtig ausbreitete, ist die Erforschung der Ursachen noch relativ jung. Je nach Stand der Forschung galten mal hohe Cholesterinwerte, gesättigte Fettsäuren, hoher Blutdruck, Übergewicht oder Streß als die Hauptauslöser. Heute gehen Mediziner davon aus, daß alle genannten Faktoren zu diesem Krankheitsbild beitragen. Vermutlich ist es neben der genetischen Veranlagung unsere heutige Lebens- und Ernährungsweise, die den Stoffwechsel derart entgleisen läßt. Menschen, die in weniger industrialisierten Regionen leben, wie beispielsweise in großen Teilen Afrikas, kennen so gut wie keine Herz-Kreislauf-Probleme.

MITTLERWEILE sind die auslösenden und vorbeugenden Faktoren in unserer Nahrung recht gut bekannt. Generell gilt eine fettarme, pflanzenbetonte und ballaststoffreiche Ernährung als bester Schutz. Vegetarier, die viel Obst, Gemüse und Vollkornprodukte essen, sind seltener von Herz-Kreislauf-Erkrankungen betroffen als der Durchschnittsbürger. Besonders unter den Bioaktiven Substanzen haben die Forscher zahlreiche Verbindungen gefunden, die sich positiv auf unsere Blutzirkulation auswirken. Es sind vor allem folgende Eigenschaften, die vor Herz-Kreislauf-Erkrankungen schützen: die Senkung des Cholesterinspiegels, die Regulation des Blutdrucks, die Verringerung der Blutgerinnung und der Schutz vor freien Radikalen.

CHOLESTERIN ist in Verruf gekommen, weil eine bestimmte Form, das sogenannte LDL-Cholesterin, sich an geschädigte Blutgefäße anlagert. Dadurch verstopfen die Gefäße allmählich und das Blut kann nicht mehr ungehindert im Körper zirkulieren. Einen niedrigen Gehalt dieser Cholesterinfraktion im Blut halten Mediziner daher für günstig.

BIOAKTIVE Substanzen können auf unterschiedliche Weise den Cholesterinspiegel beeinflussen. Phytosterine aus Pflanzenölen und Saponine aus Hülsenfrüchten sorgen dafür, daß wir weniger Cholesterin aus der Nahrung aufnehmen. Saponine ebenso wie Ballaststoffe aus Vollkornprodukten und Obst bewirken zudem, daß Abbauprodukte des Cholesterins ausgeschieden werden. Durch Tocotrienole aus Getreide und Sulfide aus Knoblauch und Zwiebeln wird erst gar nicht soviel körpereigenes Cholesterin gebildet. Daß eine Kost aus den genannten Lebensmitteln günstig ist, hat eine indische Studie bestätigt. Die Teilnehmer, die alle ein erhöhtes Herzinfarktrisiko hatten, aßen jeden Tag mindestens 400 Gramm Obst, Gemüse, Hülsenfrüchte und Vollkornprodukte sowie wenig Fett. Nach drei Monaten sanken ihre Cholesterinwerte um 6 bis 7 Prozent.

HÄTTEN die indischen Wissenschaftler den Blutdruck ihrer Probanden gemessen, wären sie sicher ebenfalls auf positive Ergebnisse gestoßen. Besonders Ballaststoffe aus Hülsenfrüchten, Äpfeln und Zitrusfrüchten sowie Sekundäre Pflanzenstoffe aus Knoblauch scheinen einem zu hohen Druck auf die Blutgefäße vorzubeugen.

PERSONEN mit Arteriosklerose (Verkalkung der Blutgefäße, der Arterien) nehmen häufig Medikamente ein, die die Blutgerinnung herabsetzen. Denn in den verengten Blutgefäßen dieser Patienten kann ein ansonsten harmloses Gerinnsel dramatische Folgen haben. Wissenschaftler haben herausgefunden, daß in pflanzlichen Lebensmitteln gerinnungshemmende Substanzen enthalten sind. Vor allem Schwefelverbindungen aus frischem Knoblauch und Flavonoide aus Zitrussäften wirken sich günstig auf den Blutfluß aus und schützen so vor Herzinfarkt.

RELATIV neu ist die Erkenntnis, daß sogenannte freie Radikale (siehe rechts) die Gefahr für Herzinfarkt erhöhen. Die aggressiven Verbindungen können das LDL-Cholesterin so verändern, daß es noch schädlicher auf unsere Blutgefäße wirkt. Unser Körper ist den freien Radikalen jedoch nicht schutzlos ausgeliefert. Neben anderen Schutzmechanismen verhindern Antioxidantien (siehe Seite 21) aus der Nahrung, daß sie zuviel Schaden anrichten. Vor allem Carotinoide und Polyphenole aus Obst und Gemüse, Phytinsäure aus Getreide und schwefelhaltige Verbindungen aus Knoblauch und Zwiebeln schützen unsere Zellen vor den reaktionsfreudigen Radikalen. Die Polyphenole aus Rotwein gelten sogar als Begründung dafür, daß Franzosen seltener Herzinfarkt bekommen als Deutsche, obwohl sie mehr rauchen und fettreicher essen.

DIE Bioaktiven Substanzen erklären aber nur einen Teil der günstigen Wirkungen von Obst, Gemüse, Hülsenfrüchten und Vollkornprodukten auf Herz-Kreislauf-Erkrankungen. Eine wichtige Rolle spielt auch, daß diese Lebensmittel gleichzeitig auch viele antioxidative Vitamine und wenig Fett enthalten. Zudem leben Menschen, die sich gesund ernähren, häufig auch gesünder. Denn sie betreiben meist mehr Sport, rauchen weniger und trinken Alkohol nur in Maßen.

WAS SIND »FREIE RADIKALE«?

FREIE Radikale entstehen bei ganz normalen Stoffwechselabläufen im Körper, aber auch durch äußere Einflüsse wie erhöhten Alkoholkonsum, Zigarettenrauch, durch UV-Licht- und Ozoneinwirkungen, wie etwa beim Sonnenbaden, durch Einnahme von Medikamenten und durch Umweltgifte. Streß, Ängste und psychische Belastung fördern ebenfalls die Entstehung von freien Radikalen. Etwa 10000mal am Tag wird jede Zelle von freien Radikalen und reaktiven Sauerstoffverbindungen angegriffen. Was sich jedoch so gefährlich anhört, ist dennoch ein ganz alltäglicher Vorgang, der zum Leben gehört wie das Atmen. Da die agilen Radikale praktisch überall vorkommen, können wir ihnen gar nicht aus dem Weg gehen.

EIN gesunder Organismus verfügt über genügend »Radikalfänger«, auch »Antioxidantien« genannt, um sich dieser aggressiven Moleküle zu entledigen. Wenn ein Überschuß an freien Radikalen eine Kettenreaktion mit vielen Substanzen im Körper auslöst, schadet dies dem Organismus: Die freien Radikale können in den Zellkern eindringen, dadurch kann die Zelle zerstört werden oder entarten. So tragen freie Radikale zur Tumorentstehung bei.

Starke Abwehrkräfte
– seltener Infekte

DER Mensch besitzt ein ausgeklügeltes Immunsystem, um sich vor körperfremden Stoffen zu schützen. Doch nicht immer schaffen unsere Abwehrkräfte es, unerwünschte Bakterien, Viren oder Hefen abzuwehren. Erkältungen, Magen-Darm-Infekte und andere Entzündungen können die Folgen sein. Zahlreiche Stoffe in Pflanzen sind in der Lage, den Körper in seiner Abwehrfunktion zu unterstützen. Sulfide aus Knoblauch und Zwiebeln, Glucosinolate aus Meerrettich und Kresse sowie Phenolsäuren aus Beeren machen Bakterien das Leben schwer. Einige Sekundäre Pflanzenstoffe vermögen sogar das Wachstum von Viren einzuschränken. Wer zu Blasenentzündungen neigt, dem hilft möglicherweise der regelmäßige Verzehr von frischer Kresse, Meerrettich und Heidelbeersaft. Die Sekundären Pflanzenstoffe aus diesen Pflanzen werden über die Harnwege ausgeschieden und verhindern dort, daß sich Bakterien und Viren breitmachen können. Bereits mit 10 bis 20 Gramm Meerrettichwurzel und 10 bis 40 Gramm Kresseblättern pro Tag konnten in Versuchen Blasenentzündungen behoben werden. Testen Sie jedoch vorsichtig aus, ob Sie solche Mengen vertragen. Manchen Menschen bereiten die scharfen Verbindungen Magenbeschwerden.

WER Darminfektionen vorbeugen will, sollte es einmal mit Naturjoghurt versuchen. In einer Untersuchung schützte der tägliche Verzehr eines Bechers Joghurt eine Reisegruppe in einem südlichen Urlaubsgebiet vor Durchfall. Auch gegen Scheidenentzündungen erwies sich der Verzehr von Joghurt als vorteilhaft. Damit die Milchsäurebakterien so richtig zum Zug kommen, muß der Joghurt allerdings täglich gegessen werden.

GANZ vor Infekten bewahren können uns die antimikrobiellen Substanzen in pflanzlichen Lebensmitteln zwar nicht. Durch eine regelmäßige Aufnahme sorgen sie jedoch vermutlich dafür, daß es krankheitserregende Keime schwerer haben und die Infekte weniger heftig verlaufen.

NEBEN dem direkten Einfluß auf Bakterien und Viren schützen uns Bioaktive Substanzen auch über das Immunsystem vor Infektionen. In zahlreichen Obst-, Gemüse- und Getreidearten haben die Forscher Verbindungen entdeckt, die das Immunsystem beeinflussen. Saponine aus Hülsenfrüchten beispielsweise regen bestimmte Zellen an, mehr Antikörper zu bilden, die ganz gezielt Fremdstoffe aus dem Verkehr ziehen. Substanzen aus Knoblauch sowie Ballaststoffe sorgen dafür, daß sogenannte Freßzellen noch angriffslustiger werden. Da das Immunsystem sehr komplex ist, kann allerdings noch nicht beurteilt werden, wie stark der Einfluß der Bioaktiven Substanzen tatsächlich ist.

WAS SIND »ANTIOXIDANTIEN«?

SAUERSTOFFABHÄNGIGE Kettenreaktionen, wie sie bei freien Radikalen vorkommen, werden als Oxidationen bezeichnet. Alle Substanzen, die in der Lage sind, diese Vorgänge zu verhindern, heißen Antioxidantien. Dazu zählen u. a. Vitamin C, Vitamin E, Selen, Carotinoide und Flavonoide. Sie binden freie Radikale an sich und machen sie so unschädlich.

Auch wichtig für unser Wohlbefinden: Vitamine

VITAMINE	NATÜRLICHES VORKOMMEN	DAMIT DECKEN SIE IHREN TAGESBEDARF	DIE WIRKUNG IM KÖRPER
A, BETA-CAROTIN Tagesdosis 0,9 mg	Käse, Ei, gelbes und grünes Gemüse, Aprikosen, Kaki	80 g Möhren 110 g Spinat	Regeneriert die Haut, schützt vor Zellschäden, stärkt die Abwehrkräfte
D Tagesdosis 5 mg	Milch und Milchprodukte, Eigelb, Fisch	100 g Heilbutt 150 g Hering	Wichtig für die Calciumaufnahme, für Knochenaufbau und Zähne
E Tagesdosis 12 mg	Pflanzliche Fette (Öl, Margarine), Getreide, Nüsse, Hülsenfrüchte	120 g Erdnüsse, 45 g Haselnüsse 25 g Sonnenblumenöl	Schützt die Zellwände, unterstützt die Leber bei Entgiftung
K Tagesdosis 1500 mg	Spinat, Grünkohl, Sauerkraut	100 g rohes Sauerkraut, 400 g Spinat, 600 g Grünkohl,	Blutgerinnung
B$_1$ Tagesdosis 1,2–1,4 mg	Getreidevollkorn, Sprossen, Hülsenfrüchte, Sonnenblumenkerne, Fleisch	235 g Haferflocken 130 g Roggenkeime 145 g Erdnüsse	Wichtig im Stoffwechsel der Kohlenhydrate, wichtig für Nerven und Herz
B$_2$ Tagesdosis 1,5–1,7 mg	Milch und Milchprodukte, Ei, Trockenhefe, Sprossen	190 g Roggenkeime 80 g Cornflakes 60 g Hefeflocken	Am gesamten Stoffwechsel beteiligt: wichtig für Wachstum und die Abwehrkräfte
B$_6$ Tagesdosis 1,6–1,8 mg	Getreidevollkorn, Weizenkeime, Soja, Banane, Kohl, Lauch	100 g Roggenkeime, 45 g Weizenkeime, 1 große Banane	Schaltstelle für den Eiweißstoffwechsel: wichtig für Wachstum
B$_{12}$ Tagesdosis 0,003 mg	Milch, Sauermilchprodukte, Eier, Käse, milchsaures Gemüse, Fleisch	500 g Magermilchjoghurt 175 g Brie (50 % Fett i. Tr.) 300 g Quark	Schützt den Zellinnenraum, erhöht die Abwehr, wichtig für das Bindegewebe
C Tagesdosis 75 mg	Gemüse (Kohl, Spinat, Paprika, Broccoli), Obst (Zitrusfrüchte und Beeren)	80 g Fenchel 55 g frische Paprika 200 g Orangen	Am Zellaufbau und Abwehrsystem beteiligt, schützt das Zahnfleisch
BIOTIN Tagesdosis 0,03–0,1 mg	Trockenhefe, Eigelb, Sprossen, Soja, Möhren, Erbsen	1–2 Hühnereier 300 g Haferflocken 175 g Haselnüsse	Wichtig beim Zellstoffwechsel, bei der Erneuerung von Blutzellen: für Nerven, Haut, Haare
FOLSÄURE Tagesdosis 0,15–0,3 mg	Gemüse (rote Bete, Spinat, Fenchel, Spargel), Bäckerhefe	150 g Sojasprossen 350 g gegarter Broccoli	Lebensnotwendig zur Bildung neuer Zellen (Blutbildung)
NIACIN Tagesdosis 15–18 mg	Getreidevollkorn, Hülsenfrüchte, Pilze, Kartoffeln, Fleisch	15 g frische Erdnüsse 250 g getrocknete gegarte Erbsen	Bei der Energiegewinnung überall im Körper beteiligt
PANTOTHENSÄURE Tagesdosis 6 mg	Hefe, Eigelb, Getreidevollkorn, Melone, Broccoli, Pilze, Gelée royale	300 g Champignons 175 g Mungobohnen	Am Stoffwechsel aller Ernährungsbausteine beteiligt; für Haut, Haare

Genuss pur
– der bioaktive Speiseplan

WENN Sie Ihren Körper möglichst optimal vor Erkrankungen schützen möchten, brauchen Sie nicht zu isolierten Nährstoffen oder teuren Präparaten greifen. Unsere Lebensmittel enthalten genügend gesundheitsfördernde Stoffe, deren Potential wir noch lange nicht ausgeschöpft haben. Neben den lebenswichtigen Vitaminen und Mineralstoffen sind es vor allem die Bioaktiven Substanzen, die unser Wohlbefinden günstig beeinflussen. Da sie schon immer in Lebensmitteln enthalten sind, begleiten sie die Entwicklung des Menschen seit Millionen von Jahren. Die Ernährungsgewohnheiten dieses Jahrhunderts haben allerdings dazu geführt, daß wir immer weniger dieser Schutzfaktoren aufnehmen. Statt Gemüse, Kartoffeln und Hülsenfrüchte dominieren heute Fleisch- und Fertiggerichte unseren Speiseplan. Um wieder ausreichend Bioaktive Substanzen aufzunehmen, müssen wir nicht zu den Ernährungsgewohnheiten unserer Vorfahren zurückkehren, sollten allerdings bewußter essen. Moderne, abwechslungsreiche Rezepte, wie Sie sie ab Seite 44 finden, lassen eine gesunderhaltende Ernährung zum wahren Genuß werden.

ALS Grundregel gilt: Pflanzliche Lebensmittel, insbesondere frisches Obst und Gemüse sowie Vollkornprodukte sollten ganz oben auf Ihrem Speiseplan stehen.

Täglich: Obst und Gemüse

GEMÜSE und Obst enthalten die meisten Sekundären Pflanzenstoffe. Zur Vorbeugung von Krebs und Herz-Kreislauf-Erkrankungen empfehlen Ernährungswissenschaftler etwa 500 Gramm pro Tag. Mit zwei Stück Obst, einer Portion Salat und einem warmen Gemüsegericht sind diese Mengen bereits erreicht. Dabei kommt es gar nicht so sehr darauf an, welche Obst- oder Gemüsearten Sie auswählen. In allen steckt der eine oder andere Sekundäre Pflanzenstoff. Daher ist es am besten, Sie gestalten Ihren Speiseplan so vielseitig wie möglich. Kohlgemüse, Zwiebeln, Sauerkraut und grüne Blattgemüse sollten nicht fehlen.

DA einige Bioaktive Substanzen wie die Carotinoide aus grünem Gemüse durch Erhitzen zerstört werden, sollte jeden Tag etwas Frisches auf den Tisch kommen. Ein bunt gemischter Salat zum Mittag- oder Abendessen sowie frische Möhren, Paprika oder Gurken für Zwischendurch sind dafür ideal geeignet. Wenn Sie Ihre Speisen zusätzlich mit frischen Kräutern wie Petersilie, Kresse, Basilikum oder Schnittlauch würzen, haben Sie ein Plus an Sekundären Pflanzenstoffen und Geschmack.

Immer öfter: Vollkornprodukte und Hülsenfrüchte

IN Getreide befinden sich Bioaktive Substanzen wie Ballaststoffe, Phenolsäuren und Phytoöstrogene überwiegend in den Randschichten. Bei der Herstellung von Weißmehl, weißem Reis und hellen Nudeln werden die wertvollen Substanzen entfernt. Wer die volle Kraft der Pflanzenwelt nutzen will, sollte regelmäßig Vollkornprodukte essen. Mit Flocken im Müsli, Vollkornbrot, Vollkornnudeln oder Vollkornreis bringen Sie kernigen Biß in Ihren Speiseplan. Auch in Kuchen, Pfannkuchen, Suppen oder Saucen schmeckt frisch gemahlenes oder geschrotetes Getreide lecker. In Form knackiger Getreidesprossen oder als eingeweichtes Schrot fürs Müsli sind die Getreidekörner auch unerhitzt ein Genuß. Erzeugnisse aus vollem Korn erhalten Sie in Reformhäusern, Naturkostläden und gut sortierten Supermärkten.

AUCH getrocknete Bohnen, Erbsen, Linsen, Kichererbsen und Sojabohnen sollten auf einem bioaktiven Speiseplan nicht fehlen. Denn Hülsenfrüchte sind die wichtigste Quelle für krebsabwehrende Saponine. Im Orientalischen Sprossen-Gemüse-Salat (siehe Seite 73), im Gemüseragout (siehe Seite 106) oder in den Linsenfladen (siehe Seite 114) werden sie im Rezeptteil dieses Buches zum Beispiel als Zutat verwendet.

Regelmäßig: Fermentierte Milchprodukte

GESUNDHEITSFÖRDERNDE Milchsäurebakterien sind besonders in Joghurt enthalten. Auch andere fermentierte Milchprodukte wie Dickmilch, Quark, Käse und saure Sahne werden mit Milchsäurebakterien hergestellt, diese sind jedoch nicht ganz so wirksam. Da sich die Milchsäurebakterien aus der Nahrung nicht dauerhaft im Darm ansiedeln, können sie nur für einen begrenzten Zeitraum die natürliche Darmflora unterstützen. Ein regelmäßiger Verzehr von Joghurt, am besten täglich, beugt daher am wirksamsten Durchfallerkrankungen und Darmkrebs vor. Bevorzugen Sie Naturjoghurt aus dem Kühlregal ohne Zucker und Aromastoffe. Seit einigen Jahren bietet die Milchindustrie sogenannte probiotische Milchprodukte an, die besonders aktive Milchsäurebakterien enthalten. Wenn sie keine Süßungsmittel, Farb- und Aromastoffe enthalten, sind auch diese Joghurts empfehlenswert.

DARÜBER hinaus ist es sinnvoll, die natürlichen Darmbakterien zu stärken, die dauerhaft unsere Gesundheit beeinflussen und unser Immunsystem stärken. Mit verschiedenen fermentierten Lebensmitteln sowie ballaststoffreichem Getreide und Gemüse gelingt dies am wirkungsvollsten.

In Maßen: Pflanzliche Öle, Nüsse und Samen

BESTIMMTE Sekundäre Pflanzenstoffe wie die Phytosterine befinden sich besonders in fetthaltigen Samen wie Sonnenblumenkernen, Sesam, Leinsamen und Nüssen. Auch die Öle dieser Samen sind reich an den gesundheitsfördernden Pflanzenstoffen. Zusätzlich enthalten sie für den Körper wichtige, ungesättigte Fettsäuren und Vitamin E. Bevorzugen Sie kaltgepreßte Pflanzenöle, sie enthalten besonders viele Phytosterine. Da sich Fett ungünstig auf unser Gewicht, Herz-Kreislauf-Erkrankungen sowie Krebs auswirkt, sollten wir die Öle und Samen sparsam dosieren. Zwei bis drei Eßlöffel Öl in der Salatsauce, ein bis zwei Eßlöffel zum Andünsten von Gemüse reichen für vier Personen pro Tag völlig aus. Generell sollten Sie versuchen, tierische Fette wie Butter, Sahne und Schmalz, wo es geht, durch pflanzliche Öle zu ersetzen.

Selten, aber in guter Qualität: Fleisch, Fisch und Eier

IN tierischen Lebensmitteln, mit Ausnahme von milchsauren Produkten, sind kaum Bioaktive Substanzen enthalten. Ein hoher Fleischverzehr ist zudem in Verruf gekommen, Krebs und Herz-Kreislauf-Erkrankungen zu begünstigen. Studien mit Vegetariern haben gezeigt, daß Personen, die kein Fleisch essen, prinzipiell gesünder leben. Wer nicht ganz auf Tierisches verzichten will, sollte Fleisch und Eier in guter Qualität und in Maßen genießen. Probieren Sie doch einmal die leckeren, vegetarischen Rezepte dieses Buches aus – Sie werden nichts vermissen.

FISCH, insbesondere Meeresfisch, enthält wichtige Fettsäuren und das in unserer Kost seltene Jod. Daher ist er ebenfalls eine Bereicherung für den bioaktiven Speiseplan.

Jahreszeitenmenüs

VORSPEISE	HAUPTGERICHT	NACHSPEISE
FRÜHLING		
Möhrenfrischkost (Seite 62)	Marrokanischer Gewürzreis mit Muscheln (Seite 132)	Sesamkonfekt (Seite 160)
Orientalischer Sprossen-Gemüse-Salat (Seite 73)	Gefüllte Möhrenröllchen auf Kerbelsauce (Seite 108)	Kokosnußcreme auf Aprikosen-Ingwer-Sauce (Seite 156)
Bärlauchsuppe (Seite 99)	Exotische Hähnchenkeule (Seite 142)	Gefüllte Erdbeeren auf Limetten-Joghurt-Sauce (Seite 158)
SOMMER		
Fenchelfrischkost mit Ananas (Seite 60)	Artischockenherzen auf Safransauce (Seite 118)	Erdbeermix (Seite 52)
Kalte Tomatensuppe mit Mandeln (Seite 99)	Rotbarschfilet mit Pestohaube auf Gemüsenudeln (Seite 140)	Ananasgratin mit Bananen-Himbeer-Eis (Seite 162)
Gartensalat mit Zitronen-Mandel-Sauce (Seite 70)	Broccoliquiche (Seite 126)	Joghurttimbale auf Sauerkirschsauce (Seite 157)
HERBST		
Gemüse-Carpaccio (Seite 88)	Knollensellerie orientalisch (Seite 117)	Melone mit Mandelsauce (Seite 153)
Paprikafrischkost mit Azukibohnensprossen (Seite 58)	Kabeljau im Chinakohl (Seite 134)	Kiwi-Feigen-Salat mit Bananencreme (Seite 154)
Thunfisch-Carpaccio mit roten Beten (Seite 86)	Calzone mit Pilzfüllung (Seite 125)	Birne auf Dattelcreme (Seite 152)
WINTER		
Spanische Zwiebelsuppe (Seite 96)	Rindfleisch mit Rote-Bete-Sauce (Seite 146)	Kokosnußbanane auf Schokosauce (Seite 152)
Knoblauchcreme auf Bauernbrot (Seite 90)	Sauerkraut-Puten-Gulasch (Seite 143)	Salat von Zitrusfrüchten (Seite 154)
Rote-Bete-Suppe mit Sonnenblumenkernen (Seite 95)	Zanderfilet mit Kartoffelkruste (Seite 135)	Mandel-Orangen-Torte (Seite 161)

Schutzstoffe aus der Nahrung optimal genutzt

Schutzstoffe aus der Nahrung
optimal genutzt

EINIGE bioaktive Substanzen wie Glucosinolate, bestimmte Carotinoide und Milchsäurebakterien sind empfindlich gegenüber Hitze; andere wie die Flavonoide oder Phytoöstrogene befinden sich überwiegend in den Randschichten. Bei der Zubereitung der Mahlzeiten sollten wir daher darauf achten, daß keine wertvollen Schutzfaktoren verlorengehen. Wie dies problemlos gelingt, verraten Ihnen die folgenden Tips.

So frisch wie möglich

FRISCHES Obst und Gemüse enthält am meisten Sekundäre Pflanzenstoffe. Richten Sie sich beim Einkauf am besten nach den Jahreszeiten und den Angeboten der Saison. Denn dann schmeckt Gemüse am besten, ist preiswert und hat die meisten Inhaltsstoffe. Im Sommer geernteter Kopfsalat enthält beispielsweise 3-5mal so viele Flavonoide wie Salatköpfe, die im Winter in Gewächshäusern angebaut werden. Bevorzugen Sie Gemüse aus dem heimischen Anbau; viele Städte und Dörfer haben Wochenmärkte, auf denen die Landwirte aus der Umgebung direkt ihr Gemüse anbieten, das teilweise aus Freiland- und oft schon aus ökologischem Anbau stammt. Kaufen Sie nur absolut frisches Gemüse. Sie erkennen es zum Beispiel an seinen kräftigen, saftigen Blättern oder der knackig-prallen Schale.
IN den Winter- und Frühjahrsmonaten, wenn es keine frische Ware gibt, sind Lagergemüse, Sauerkraut und Tiefgekühltes eine Alternative. Frisches, unerhitztes Sauerkraut erhalten Sie in Reformhäusern, Naturkostläden und einigen Gemüsegeschäften. Weniger geeignet sind Gemüse und Obst aus Dosen, Gläsern oder Fertiggerichte, da sie während ihrer Verarbeitung etliche ihrer wertvollen Inhaltsstoffe eingebüßt haben.

Nur kurz lagern

GEMÜSE und Obst sollte so frisch wie möglich zubereitet und gegessen werden, da sich nach der Ernte die wertvollen Inhaltsstoffe duch Licht, Luftsauerstoff und Wärme schnell abbauen. Ist eine kurze Lagerzeit nötig, dann das Gemüse am besten in einen Frischhaltebeutel oder eine Kunststoffbox geben, verschließen und in das Gemüsefach des Kühlschranks legen. Ausnahmen sind Tomaten, Paprikaschoten, Gurken, Bananen und Zitrusfrüchte, sie verlieren im Kühlschrank an Aroma. Zwiebeln und Knoblauch in einem luftigen Korb aufbewahren.

Sorgsam waschen und putzen

ZAHLREICHE Sekundäre Pflanzenstoffe wie die Flavonoide oder Phenolsäuren befinden sich in oder unmittelbar unter der Schale. Äpfel, Birnen, Tomaten, Gurken, Möhren und andere Früchte und Gemüse können gut mit der Schale gegessen werden.
OBST und Gemüse vor dem Waschen nicht schälen oder zerkleinern. Waschen Sie das Obst und Gemüse gründlich unter fließendem Wasser, schrubben Sie es eventuell mit einer Gemüsebürste und reiben Sie es anschließend mit

einem Tuch ab. So lassen sich die meisten Schadstoffe auf der Schale entfernen. Wenn Sie Produkte aus ökologischer Landwirtschaft kaufen, brauchen Sie zudem keine Angst vor Pflanzenschutzmitteln zu haben. Auch Kartoffeln sollten möglichst in der Schale in wenig Wasser gekocht werden.

VERMEIDEN Sie es, Obst, Gemüse und Kräuter im Wasser liegen zu lassen, sonst können sich wasserlösliche Inhaltsstoffe herauslösen und werden mit dem Wasser fortgeschwemmt. Stark verschmutzte Blattsalate oder Spinat können mehrmals in Wasser geschwenkt werden. Weniger Verschmutztes läßt sich unter fließendem Wasser reinigen. Gemüse und Obst grundsätzlich immer erst nach dem Waschen zerkleinern.

Erst unmittelbar vor der Zubereitung zerkleinern

WENN Obst und Gemüse zerkleinert werden, können die Sekundären Pflanzenstoffe leichter von Luftsauerstoff, Licht und Wärme angegriffen werden. Am besten ist es daher, die Zutaten erst so kurz wie möglich vor der Zubereitung kleinzuschneiden. Geriebenes oder zerkleinertes Gemüse für Frischkost sollte umgehend mit der Salatsauce vermischt werden, da die fetthaltige Sauce vor Sauerstoff aus der Luft schützt.

Schonend garen

JE kürzer Sie Gemüse garen, desto besser bleiben viele Sekundäre Pflanzenstoffe erhalten, desto schonender ist die Methode. Mit Biß schmecken Möhren, Broccoli & Co zudem viel aromatischer und behalten ihre leuchtende Farbe. Das Dämpfen ist eine der schonendsten Zubereitungen. Das kleingeschnittene Gemüse gart in einem passenden Sieb-einsatz über heißem Wasserdampf. Beim Dünsten wird Gemüse unter Zugabe von wenig Öl angeschmort und in wenig Wasser fertiggedünstet. Sollte beim Garen Flüssigkeit anfallen, können Sie diese gut als Basis für Saucen oder Suppen verwenden. Bei wasserreichen Sorten wie Spinat, Tomaten oder Zucchini genügt es, wenn Sie das tropfnasse Gemüse in den kalten Topf geben und bei geschlossenem Deckel erwärmen. Braten ist eine sehr schnelle Methode, bei der Gemüse einen kräftigen Geschmack bekommt. In einer Pfanne oder im Wok mit guter Wärmeverteilung läßt sich Fett auf ein Minimum reduzieren.

BEI Getreide und Hülsenfrüchten sollten Sie allerdings nicht mit Wasser oder Kochzeit geizen. Die trockenen Samen müssen gut aufquellen und richtig weich kochen, damit sie nicht schwer im Magen liegen. Wenn Sie die Samen vorher einweichen, sollten Sie das Einweichwasser auch zum Garen verwenden, damit keine Inhaltsstoffe verlorengehen. Salzen Sie Hülsenfrüchte und Getreide immer erst am Ende der Garzeit, dann werden die Körner schneller weich.

TROTZ aller wichtigen Schutzstoffe, die unsere Nahrung enthält, sollten wir nicht vergessen, daß neben der Ernährung auch noch viele andere Faktoren unsere Gesundheit beeinflussen. Ausreichende Bewegung, das Meiden von Tabakrauch, seelische Ausgeglichenheit und Lebensfreude sind mindestens ebenso wichtig.

Zu mehr Genuß und Freude am Essen sollen die Rezepte dieses Buches beitragen. Wir wünschen Ihnen gutes Gelingen und guten Appetit!

Bioaktive Substanzen im Überblick

VERBINDUNG	VORKOMMEN	WIRKUNG (SIEHE AUCH SEITE 8 BIS 13)
CAROTINOIDE	Farbstoffe in gelb-orangem und grünblättrigem Gemüse und Obst wie Möhren, Kürbis, Tomaten, Grünkohl, Blattsalat, Broccoli, Spinat und Aprikosen	schützen vor schädlichen Oxidationen und Herzinfarkt, stärken das Abwehrsystem, hemmen die Krebsentstehung
GLUCOSINOLATE	Geschmacksstoffe in Rettich, Kresse, Senf und allen Kohlarten	beugen Infektionen vor, hemmen die Krebsentstehung
PHYTO-ÖSTROGENE	in Sojabohnen, Getreide, Kohlgemüse und Leinsamen	beugen hormonabhängigen Krebsarten wie Brust-, Gebärmutter- und Prostatakrebs, aber auch Dickdarmkrebs vor
PHYTOSTERINE	in Samen wie Sonnenblumenkernen, Nüssen, Sesam und in kaltgepreßten Pflanzenölen	verringern das Dickdarmkrebsrisiko, senken den Cholesterinspiegel
POLYPHENOLE: FLAVONOIDE	in der Schale von rotem, violettem und gelbem Obst und Gemüsen wie Kirschen, Beeren, Äpfeln, Rotkohl, Kartoffeln und Zwiebeln	schützen vor Infektionen, hemmen die Krebsentstehung beeinflussen die Blutgerinnung
POLYPHENOLE: PHENOLSÄUREN	in den Randschichten von Getreide, Nüssen, aber auch in Tee und Kaffee	hemmen das Wachstum von Bakterien und Viren, schützen vor schädlichen Oxidationen und Herzinfarkt
PROTEASE-INHIBITOREN	in eiweißreichen Pflanzen wie Hülsenfrüchten, Kartoffeln, Getreide	beugen Krebs vor
SAPONINE	in Hülsenfrüchten wie Sojabohnen und Kichererbsen	senken den Cholesterinspiegel, stärken die Abwehrkräfte, verringern das Dickdarmkrebsrisiko
SULFIDE	schwefelhaltige Substanzen in Knoblauch, Zwiebeln und Lauch	beugen Infektionen vor, senken den Cholesterinspiegel, schützen vor schädlichen Oxidationen, beeinflussen die Blutgerinnung, beugen Herzinfarkt vor, hemmen das Krebsrisiko
TERPENE	Aromastoffe in Pfefferminze, Zitronen, Kümmel, Sellerie	senken das Krebsrisiko
BALLASTSTOFFE	in allen Obst- und Gemüsearten, Getreide, Hülsenfrüchten und Samen	senken den Cholesterinspiegel, beugen Darmkrebs vor, regulieren den Blutzuckerspiegel
MILCHSÄURE-BAKTERIEN	in Joghurt, Dickmilch und Sauerkraut	verringern das Dickdarmkrebsrisiko, stärken das Immunsystem, beugen Durchfallerkrankungen vor

DIE vitale Ernährung bietet Ihnen viel Spielraum für kulinarische Experimente. Das große Angebot an Sprossen, Kräutern und Gewürzen kann und soll dabei voll ausgeschöpft werden. Zutaten, die Sie vielleicht noch nicht kennen, inspirieren die Phantasie zu ganz neuen Genußerlebnissen. Praktische Tips garantieren Ihnen einen problemlosen Umgang mit diesen Zutaten.

SIE können aber genausogut unsere Rezeptideen nach Ihrem Geschmack zubereiten und die für Sie ungewohnten Lebensmittel durch bekannte austauschen. Wie auch immer: Ihr Speiseplan wird sich sehr abwechslungsreich gestalten.

EBENSO lassen sich alle folgenden Grundrezepte individuell variieren, so daß auch hier Ihrer Kreativität keine Grenzen gesetzt sind.

Knackige Sprossen selbst gemacht

Knackige Sprossen selbst gemacht

SPROSSEN sind ganz junge Pflänzchen, die sich aus allen keimfähigen Samen ziehen lassen. Sie stellen eine gute Möglichkeit dar, die Sekundären Pflanzenstoffe aus Getreide, Hülsenfrüchten, Nüssen und Samen in unerhitzter Form zu genießen. Übrigens: Die Begriffe Sprossen und Keimlinge werden in diesem Buch im gleichen Sinne verwendet.

HÄUFIG wird empfohlen, Hülsenfrucht-Sprossen zu blanchieren, da einige Sekundäre Pflanzenstoffe in größeren Mengen schaden können. Durch das Erhitzen werden allerdings auch die positiven Eigenschaften der Protease-Inhibitoren verringert. Mittlerweile hat sich erwiesen, daß kleinere Mengen gekeimter Hülsenfrüchte ohne Bedenken unerhitzt verzehrt werden können. Größere Portionen (ab etwa 20 g pro Person) sollten Sie zur Sicherheit 1 Minute in kochendem Wasser blanchieren.

SPROSSEN sind auch eine gute Quelle für viele Vitamine und Mineralstoffe. Zudem bringen sie geschmackliche Abwechslung auf den Speiseplan und sorgen besonders in den Wintermonaten für knackige Frische.

DA die zarten Pflänzchen nur selten im Handel erhältlich sind, werden sie am besten selbst gezogen. Dafür brauchen Sie weder große Gerätschaften noch viel Zeit: Ein Einmachglas, ein Sieb und wenige Minuten Vorbereitungszeit genügen. Verwenden Sie immer nur Saatgut aus dem Lebensmittelhandel, Samen aus dem Gärtnereibedarf können mit Beizmitteln behandelt sein, die giftig sind.

So gelingt's:

➤ Waschen Sie Samen, Mandeln, Nüsse, Sesam oder Sonnenblumenkerne in einem Sieb unter kaltem Wasser ab.

➤ Füllen Sie sie in ein Einmachglas und weichen Sie sie in der vierfachen Menge Wasser ein.

➤ Nach etwa 8 Stunden das Wasser über einem Sieb abgießen und Samen, Nüsse oder Kerne mit frischem Wasser abspülen.

➤ Geben Sie die tropfnassen Samen zurück in das Glas und stellen Sie sie an einen hellen Platz.

➤ Nach 4–5 Stunden Keimzeit können Sonnenblumen- und Sesamkeimlinge, nach 9–12 Stunden Mandeln-Nußkeimlinge verzehrt werden. Anderes Saatgut braucht dagegen eine Keimzeit von 2–6 Tagen. Spülen sie diese Samen zweimal täglich mit frischem Wasser.

➤ Nach 2–6 Tagen, wenn die Samen feine Wurzeln oder auch schon erste Blättchen gebildet haben, können sie gegessen werden. Im Kühlschrank lassen sie sich ein paar Tage aufbewahren, müssen aber weiterhin regelmäßig gespült werden.

Samen, die zum Keimen geeignet sind:

SAMEN	ERNTEZEITPUNKT		GESCHMACK
Weizen, Roggen, Hafer, Gerste	2–4	Tage	mild-süßlich
Linsen, Mungobohnen, Azukibohnen, Kichererbsen	3–5	Tage	herzhaft-mild
Alfalfa (Luzerne)	5–6	Tage	mild-knackig
Senf, Rettich, Radieschen	3–4	Tage	scharf
Kresse als grünes Pflänzchen	5–6	Tage	scharf
Sonnenblumenkerne, Sesam	12–13	Stunden	nussig-süßlich
Mandeln, Nüsse	17–20	Stunden	nussig-süßlich

Zutaten, die nicht alle kennen

ACETO BALSAMICO (BALSAMESSIG), ein weltbekannter würziger Essig aus vergorenem Traubenmost. Seinen einmaligen Geschmack erhält er durch die jahrelange Lagerung in Holzfässern.

AGAR-AGAR ist ein mineralstoffreiches, geschmacksneutrales Gelierpulver aus Algen zum Gelieren von Sülzen oder Süßspeisen.

APFELESSIG wird durch Vergärung aus ganz reifen Äpfeln gewonnen, enthält reichlich Kalium, regt die Verdauungstätigkeit an und macht Speisen bekömmlicher.

APFELDICKSAFT ist ein unter Vakuum stark eingedickter Apfelsaft ohne Zusätze und Süßungsmittel. Für Salatsaucen und Süßspeisen.

ARTISCHOCKEN (TUDELA), eine kleine längliche grüne Artischockensorte, die aus Spanien kommt. Sie ist so zart, daß sie im Ganzen zubereitet werden kann.

BUCHWEIZENGRÜTZE ist der Schrot aus den Samen eines Knöterichgewächses. Buchweizen hat botanisch mit unseren Getreidesorten nichts gemein, kann aber ähnlich wie Getreide zum Beispiel für Suppen, Klöße und Aufläufe verwendet werden.

CAROB wird aus den Schoten des Johannisbrotbaumes hergestellt. Das Pulver wird gerne als Kakaoersatz verwendet, da es im Gegensatz zu Kakao frei von anregenden Stoffen ist. Carob ist von Natur aus süß.

CASHEWKERNE wachsen in birnenförmigen Cashewäpfeln. Die Cashewkerne schmecken süßlich und aromatisch. Sie eignen sich für herzhafte und süße Gerichte.

CURRYPULVER ist eine ursprünglich indische Gewürzmischung aus bis zu 36 verschiedenen Zutaten. Je nach Zusammensetzung ist Currypulver im Geschmack eher mild oder eher scharf.

DELIFRUIT ist eine fertige Gewürzmischung aus Zimt, Koriander, Anis, Kardamom, Bourbonvanille und Nelken. Erhältlich in Naturkostläden und Reformhäusern.

INGWER ist als frische Knolle in gut sortierten Supermärkten, Feinkostgeschäften oder in Asienläden zu bekommen. Die Ingwerknolle dünn schälen und fein reiben oder würfeln.

JOHANNISBROTKERNMEHL ist ein pflanzliches Bindemittel, das aus den Kernen des Johannisbrotbaumes gewonnen wird. Es eignet sich zum Binden von warmen und kalten Flüssigkeiten.

KREUZKÜMMEL, auch unter dem Namen Cumin bekannt, wirkt ähnlich wie Kümmel verdauungsfördernd und entkrampfend.

KURKUMA, auch Gelbwurz genannt, verhindert das Wachstum von Krankheitserregern im Darm. Sparsam verwendet verleiht sein gelber Farbstoff vielen Gerichten eine intensive Farbe.

MEERSALZ wird durch das Verdunsten von Meerwasser gewonnen und enthält zahlreiche Mineralstoffe und Spurenelemente. Bevorzugen Sie jodiertes Meersalz und Kräutermeersalz.

PASTINAKEN sind ein würziges, gelb- bis weißfleischiges Wurzelgemüse. Wird roh als Salat oder gegart wie Möhren verwendet.

PUY-LINSEN, eine kleine aromatische festkochende Linsensorte, eignet sich besonders für schnelle Gerichte.

QUINOA ist eine mineralstoffreiche Körnerfrucht aus Südamerika. Die Körner sind schnell gar und leicht verdaulich. Quinoa eignet sich für Suppen, Aufläufe, Gemüsegerichte und Süßspeisen.

SAFRAN hat einen leicht bitteren Geschmack und wirkt positiv auf Magen und Darm. Den Gerichten verleiht er eine intensive gelbe Farbe.

SESAMMUS (TAHIN) wird aus geröstetem Sesam hergestellt, je zur Hälfte aus geschälten und ungeschälten Körnern. Sesammus eignet sich als Würz- und Bindemittel bei vielen Gerichten sowie als Brotaufstrich.

SOJASAUCE ist die wichtigste Würze in Asien. Sie wird aus fermentierten Sojabohnen hergestellt. Helle Saucen sind dünner und schmecken milder als die dunklen Sorten.

TOFU wird aus geronnener Sojamilch hergestellt. Tofu ist eine besonders leicht verdauliche und geschmacksneutrale pflanzliche Eiweißnahrung.

TOPINAMBUR, eine frostharte, gelbblühende Pflanze, ähnelt der ihr verwandten Sonnenblume. Die birnen- bis apfelartigen, kohlenhydratreichen Knollen kommen von Oktober bis Mai auf den Markt. Sie eignen sich ideal als Rohkost mit Zitronensaft vermischt oder in gebackener Form. Die Schale kann mitgegessen werden.

VANILLEMARK ist der aromastarke Samen der Vanilleschote: Schote längs aufschlitzen und das Mark herausschaben. Im Handel gibt es auch gemahlene Vanille (der ganzen Schote) zu kaufen.

Kräuter: Gut fürs Aroma und die Gesundheit

BÄRLAUCH, ein blutreinigendes Frühjahrswürzkraut mit intensivem Knoblauchgeschmack. Es findet Verwendung in Salaten, Suppen, Saucen und als Pesto.

BASILIKUM, das einjährige Kraut mit zartgrünen Blättern schmeckt leicht scharf und wirkt verdauungsfördernd.

ESTRAGON sollte wegen seines intensiven Aromas sparsam verwendet werden. Der französiche Estragon ist wesentlich feiner als der robuste russische. Estragon darf mitgekocht werden.

KERBEL ist ein zartes Würzkraut mit leichtem Anisgeschmack und eignet sich besonders gut frisch gehackt zu Salaten, Suppen, Saucen und Getreidegerichten.

KORIANDERGRÜN – die frischen grünen Blätter haben einen unverwechselbaren Geschmack, wirken antiseptisch und verdauungsfördernd.

OREGANO, der wilde Majoran, ist getrocknet kräftiger im Geschmack als das frische Kraut. Er wird viel in der mediterranen Küche verwendet.

PFEFFERMINZE wird hauptsächlich zu Tee verarbeitet, ihr wird eine blutreinigende Wirkung nachgesagt. Sie eignet sich aber auch zum Würzen von Salaten, Saucen, Gemüsen und Süßspeisen.

RUCOLA, auch als Rauke im Handel, ist ein harntreibendes und verdauungsförderndes Würzkraut mit rettich- oder radieschenähnlichen Blättern. Mit jungen Salaten kombiniert ist sie ein kulinarischer Traum. Paßt auch ins Pesto.

SAUERAMPFER ist eine mehrjährige Pflanze mit blutreinigender Wirkung. Zum Würzen für Salate, Suppen und Saucen geeignet.

SCHNITTKNOBLAUCH gehört zur Familie der Lauch- und Zwiebelgewächse. Sieht aus wie Schnittlauch, im Geruch und Geschmack erinnert er stark an Knoblauch.

THYMIAN gehört zu den mehrjährigen Pflanzen. Getrocknet sind die kleinen silbergrauen Blättchen sehr würzig. Thymian macht fette Speisen bekömmlicher, verhindert Blähungen und Gärungsvorgänge im Darm.

ZITRONENMELISSE, eine mehrjährige Staude aus Asien, ist als Gewürz- und Heilpflanze bekannt. Als Küchenkraut erinnert ihr frisches, angenehmes Aroma an Zitronen. Sie darf nicht mitgekocht werden.

ZITRONENTHYMIAN ist eine mehrjährige Pflanze mit intensivem Zitronenduft und -geschmack. Geeignet für alle Gerichte, in denen Zitronen verwendet werden.

Selbsteingelegtes Sauerkraut

reich an Vitamin C • kalorienarm

FÜR ETWA 1,5 KG SAUERKRAUT

1,5 kg Weißkohl

15 g Meersalz

150 ml Sauerkrautsaft

ZUBEREITUNGSZEIT: 4–8 TAGE

Pro 100 g etwa: 17 kcal

38

WEISSKOHL waschen und putzen. Einige äußere Blätter beiseite legen. Übrigen Kohl in feine Streifen schneiden. Die Hälfte davon mit 2 TL Salz zu einem Brei zerdrücken. Restlichen Kohl und übriges Salz untermischen.

ALLES in einen mit kochendem Wasser ausgespülten Steinguttopf füllen. Sauerkrautsaft dazugießen, der Kohl muß ganz mit der Flüssigkeit bedeckt sein. Die beiseite gelegten Blätter auf den Kohl legen, darüber einen Teller geben und mit einem sauberen Stein beschweren. Mit einem Küchentuch abdecken und an einen dunklen Ort stellen.

WÄHREND der Fermentation soll die Temperatur zwischen 18° und 24° betragen, die Gärung dauert zwischen 4 und 8 Tagen. Je wärmer der Raum ist, desto schneller läuft die Fermentation ab.

WENN das Sauerkraut fertig ist, die äußeren Blätter und eventuelle Rückstände von der obersten Schicht entfernen. Das Sauerkraut in festschließende Gläser füllen, so läßt es sich im Kühlschrank 4–6 Wochen aufbewahren.

DURCH verschiedene Zugaben wie Gemüse, Kräuter, Gewürze läßt sich das Aroma variieren. Zum Beispiel: Rotkraut mit Apfel und Ingwer oder Weißkohl mit Möhre und Kurkuma.

Selbstgemachter Joghurt

macht wenig Arbeit

FÜR 1 KG JOGHURT

1 l Milch (3,5 % Fett)

2 EL Naturjoghurt (3,5 % Fett)

ZUBEREITUNGSZEIT: 3–4 STD.

Pro 100 g etwa: 60 kcal

MILCH und Joghurt in einem Topf verrühren und auf 37° erwärmen. So lange zugedeckt bei dieser Temperatur warm halten, bis sich die gesamte Milch in Joghurt verwandelt hat.

EINFACHER und bequemer funktioniert das mit einem elektrischen Joghurt-Bereiter, der im Fachhandel erhältlich ist. Dabei wird die Milch mit einer kleinen Menge Joghurtkulturen vermischt und in Portionsgläser gefüllt. Das Gerät hält die notwendige Temperatur automatisch, bis der Joghurt fertig ist.

39

Selbstgemachter Senf

würzig • gelingt leicht

FÜR 125 ML SENF

4 EL helles Senfmehl (aus

Reformhaus oder Apotheke)

1 EL Honig

1 EL kaltgepreßtes Olivenöl

2 EL Apfelessig

1 Msp. Meersalz

frisch gemahlener Pfeffer

ZUBEREITUNGSZEIT: 15 MINUTEN

Pro Teelöffel etwa: 5 kcal

SENFMEHL in einer Schüssel mit dem Wasser verrühren und 10 Minuten quellen lassen.

ANSCHLIESSEND den Honig, das Olivenöl und den Apfelessig unterrühren. Den Senf mit Salz und Pfeffer abschmecken und in ein Schraubverschlußglas füllen. Im Kühlschrank aufbewahrt hält er sich einige Monate.

ZUM Variieren frisch gehackte Kräuter, eingelegte rosa oder grüne Pfefferkörner unter den fertigen Senf ziehen.

Tomatensauce

gelingt leicht • schnell

FÜR 4 PERSONEN

1 kleine Zwiebel

1 Knoblauchzehe

1 EL Olivenöl

je 100 g Knollensellerie und Möhre

je 1/4 TL Rosmarin, Thymian und Basilikum

1 kleines Lorbeerblatt

1 Nelke · 1 Pimentkorn

1/4 TL Meersalz

frisch gemahlener Pfeffer

500 g Tomaten

50 ml Gemüsebrühe

1–2 TL Apfelessig

ZUBEREITUNGSZEIT: 25 MIN.

Pro Person etwa: 80 kcal

ZWIEBEL und Knoblauch schälen, fein hacken und im Öl glasig anschwitzen. Sellerie und Möhre putzen, waschen, in kleine Würfel schneiden und ebenfalls mit anschwitzen. Kräuter und Gewürze hinzufügen.

TOMATEN waschen, Stengelansatz entfernen und das Fruchtfleisch grob würfeln. Tomaten zum Gemüse geben und mit der Brühe ablöschen. Sauce im offenen Topf 15 Min. köcheln lassen, dabei ab und zu umrühren.

DANN im Mixer pürieren, durch ein Sieb streichen und mit Essig abschmecken. Die Tomatensauce wird bei dem Rezept Gefüllte Zucchiniblüten (Seite 109) verwendet. Außerdem schmeckt sie gut zu Polenta mit Gemüse-Käse-Kruste (Seite 110), überbackenen Auberginen mit Tomatennudeln (Seite 122) und zu Forellengratin in der Zucchini (Seite 130).

ES lohnt sich auch, von der Tomatensauce gleich eine größere Menge zu kochen, einen Teil davon frisch zu verwenden und den Rest als Vorrat einzufrieren.

Béchamelsauce

gelingt leicht • gut vorzubereiten

Für etwa 1/4 l Sauce

1 Schalotte

1 kleine Knoblauchzehe

1 EL Butter

15 g Naturreismehl

1 kleines Lorbeerblatt

1 Gewürznelke

1 Wacholderbeere

1/4 l Milch

Meersalz

frisch gemahlener Pfeffer

frisch geriebene Muskatnuß

Zubereitungszeit: 20 Min.

Etwa: 470 kcal

Schalotte und Knoblauchzehe schälen, sehr fein hacken und in der Butter bei mittlerer Hitze glasig werden lassen. Reismehl, Lorbeerblatt, Gewürznelke und Wacholderbeere dazugeben und kurz anschwitzen. Die Zutaten sollen aber keine Farbe annehmen.

Milch angießen, aufkochen lassen und die Sauce bei schwacher Hitze unter ständigem Rühren 10 Min. sanft köcheln lassen.

Lorbeerblatt, Gewürznelke und die Wacholderbeere aus der Sauce entfernen. Die Béchamelsauce nach Belieben durch ein feines Sieb passieren. Mit Salz, Pfeffer und etwas Muskatnuß abschmecken.

Variationen:

Für eine Käsesauce 80 g geriebenen Käse (zum Beispiel Rohmilch-Emmentaler) unterziehen, für Meerrettichsauce 40 g frisch geriebenen Meerrettich hinzufügen. Für eine Kräutersauce kurz vor dem Servieren 3 EL frisch gehackte Kräuter einrühren und für eine Fischsauce die Hälfte der Milch durch Fischfond (selbstgemacht oder aus dem Glas) ersetzen und 50 g Fischabschnitte mitköcheln. Danach die Sauce im Mixer aufmixen und durch ein feines Sieb passieren.

Rote Paprikasauce

würzig • schmeckt auch kalt

FÜR 4 PERSONEN

2 rote Paprikaschoten (etwa 300 g)

1 kleine Zwiebel

1 Knoblauchzehe

1 EL Olivenöl

1 TL Paprikapulver, edelsüß

1/4 TL Meersalz

frisch gemahlener Pfeffer

100 ml Gemüsebrühe

3 EL saure Sahne oder 2 EL Crème fraîche

ZUBEREITUNGSZEIT: 20 MIN.

Pro Person etwa: 80 kcal

PAPRIKASCHOTEN waschen, putzen und grob würfeln. Zwiebel und Knoblauch schälen, fein hacken und im Olivenöl 2 Min. anschwitzen. Paprikawürfel, Paprikapulver, Salz und Pfeffer hinzufügen, alles zusammen weitere 2 Min. anschwitzen, ohne daß das Gemüse Farbe annimmt. Brühe angießen und das Gemüse zugedeckt bei mittlerer Hitze in 10 Min. weich dünsten. Anschließend im Mixer so lange pürieren, bis eine sämige Sauce entstanden ist, und abschmecken. Saure Sahne oder Crème fraîche untermixen.

WENN Sie saure Sahne verwenden, die Sauce nicht mehr kochen lassen, sonst gerinnt sie.

ANSTELLE von saurer Sahne oder Crème fraîche können Sie 2 EL Cashewkerne mit dem Gemüse pürieren.

DIE Paprikasauce wird verwendet bei dem Rezept Gemüse-Pilz-Medaillons (Seite 105). Außerdem schmeckt sie gut zu gefüllten Zucchiniblüten (Seite 109), überbackenen grünen Dinkelknöpflen (Seite 120) und zu Zanderfilet mit Kartoffelkruste (Seite 135).

Vollkornspätzle

vollwertig • preiswert

FÜR 4 PERSONEN

300 g Weizenvollkornmehl

3 Eier

1 TL Meersalz

frisch geriebene Muskatnuß

100–150 ml Milch oder Wasser

ZUBEREITUNGSZEIT: 35 MIN.

Pro Person etwa: 390 kcal

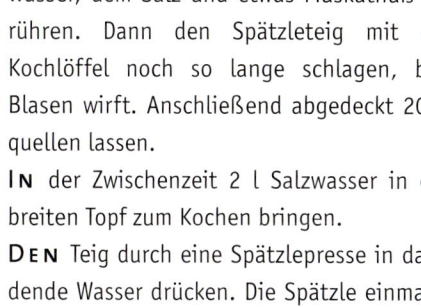

DAS Mehl mit den Eiern, der Milch oder dem Wasser, dem Salz und etwas Muskatnuß glattrühren. Dann den Spätzleteig mit einem Kochlöffel noch so lange schlagen, bis er Blasen wirft. Anschließend abgedeckt 20 Min. quellen lassen.

IN der Zwischenzeit 2 l Salzwasser in einem breiten Topf zum Kochen bringen.

DEN Teig durch eine Spätzlepresse in das siedende Wasser drücken. Die Spätzle einmal aufkochen lassen, mit einem Schaumlöffel herausheben und abtropfen lassen.

FALLS Sie keine Spätzlepresse besitzen, befeuchten Sie ein kleines Küchen-Holzbrett mit Wasser, geben portionsweise 1–2 EL Teig auf den Brettrand und schaben mit einem nassen Messer kleine Teigstreifen ins siedende Wasser.

DEN Geschmack der Spätzle können Sie variieren, indem Sie beispielsweise 4 EL feingehackte Kräuter, 2 EL Paprikapulver oder 1/2 TL Kurkuma zusätzlich zum Teig geben.

BROTAUFSTRICHE UND DRINKS[*]

VEGETARISCHE Brotaufstriche sind eine wohlschmeckende Alternative zu herkömmlichen Brotbelägen. Da die Aufstriche zum Teil aus unerhitzten Zutaten bestehen, sollten Sie sie nur frisch zubereitet genießen.

DIE pürierten oder zerdrückten Zutaten werden mit Milchprodukten, Gemüsebrühe oder gemahlenen Nüssen verfeinert und können so nach Wunsch in ihrer Konsistenz verändert werden. Auf knusprigem Brot sind sie ein wahrer Hochgenuß. Durch phantasievolle Zubereitung und Garnierung werden Sie Familie und Freunde damit begeistern.

DIE pikanten Drinks schmecken gut zum Frühstück, können aber auch den Auftakt zu einem Vollwertmenü bilden. Die fruchtigen Mixgetränke sind vitaminreiche, aufmunternde Fitmacher für den kleinen Durst zwischendurch. Sie können schon mal ein Dessert ersetzen.

Rote-Bete-Creme

FÜR 4 PERSONEN

1 rote Bete (etwa 150 g)

50 g angekeimte Mandeln (Seite 32)

1 Stück frischer Meerrettich (etwa 10 g)

2 EL Zitronensaft

1 Msp. Cayennepfeffer

ZUBEREITUNGSZEIT: 15 MIN.

Pro Person etwa: 90 kcal

würzig • gut vorzubereiten

ROTE Bete waschen, schälen und fein reiben. Angekeimte Mandeln gründlich abspülen, im Blitzhacker fein zerkleinern und mit der roten Bete vermischen.

MEERRETTICH schälen, fein reiben, mit dem Zitronensaft unter die rote Bete heben. Die Creme mit Cayennepfeffer würzen.

DIE Rote-Bete-Creme können Sie gut mit vielen Sprossensalaten kombinieren.

Sprossenaufstrich

FÜR 4 PERSONEN

50 g Sonnenblumenkerne · 50 g Mandeln

50 g Weizensprossen (Seite 32)

1 kleine Knoblauchzehe

1 haselnußgroßes Stück Ingwer · Salz · Pfeffer

1 EL kaltgepreßtes Sonnenblumenöl

1 EL helle Sojasauce

EINWEICHZEIT: ÜBER NACHT
ZUBEREITUNGSZEIT: 15 MIN.

Pro Person etwa: 183 kcal

vollwertig • für Gäste

SONNENBLUMENKERNE und Mandeln über Nacht in 300 ml kaltem Wasser einweichen. Anschließend abspülen und abtropfen lassen. Weizensprossen abspülen und abtropfen lassen.

KERNE und Sprossen im Blitzhacker zu einer glatten cremigen Masse zerkleinern. Knoblauch und Ingwer schälen, mit etwas Salz zu einer Paste zerdrücken. Die Paste, Öl und Sojasauce unter die Creme rühren. Den Aufstrich mit Salz und Pfeffer abschmecken.

Linsencreme

preiswert • gelingt leicht

FÜR 4 PERSONEN

60 g grüne Linsen

200 ml Gemüsebrühe

50 g Knollensellerie

50 g Möhre · 50 g Zwiebel

1 EL Butter

1 TL selbstgemachter Senf (Seite 39)

2 EL Quark

2 EL Schnittlauchröllchen

je 2 EL gehackte Petersilie und Dill

1 TL Kräutersalz

Pfeffer · Muskatnuß

1–2 EL Apfelessig

2 EL Linsensprossen (Seite 32)

ZUBEREITUNGSZEIT: 25 MIN.

Pro Person etwa: 135 kcal

LINSEN fein mahlen, in die Gemüsebrühe rühren, aufkochen und auf der ausgeschalteten Herdplatte 10 Min. quellen lassen.

SELLERIE und Möhre waschen, schälen und fein hacken. Zwiebel schälen, fein würfeln. Alles unter Rühren in der heißen Butter glasig dünsten. Zusammen mit dem Senf und dem Quark unter die etwas abgekühlte Linsenmasse rühren.

KRÄUTER, Salz, Pfeffer, Muskat und Essig unter die Creme mischen, abschmecken.

LINSENSPROSSEN kalt abspülen, gut abtropfen lassen und unter die Creme heben.

DIE Linsencreme schmeckt gut zu Nudelsalat und auf Vollkornbrot.

ZUGEDECKT und im Kühlschrank aufbewahrt hält sie sich bis zu 10 Tagen.

Avocadocreme

würzig • für Partys

FÜR 4 PERSONEN

1 kleine Zwiebel

1 rote Paprikaschote

2 EL Sonnenblumenkeimlinge (Seite 32)

2 EL Rettichsprossen (Seite 32)

1/4 TL Meersalz

1–2 EL Zitronensaft

1 EL helle Sojasauce

frisch gemahlener Pfeffer

2 reife Avocados

3–4 Halme Schnittknoblauch

ZUBEREITUNGSZEIT: 20 MIN.

Pro Person etwa: 175 kcal

ZWIEBEL schälen und in feine Würfel schneiden. Paprikaschote waschen, vierteln, putzen und das Fruchtfleisch klein würfeln. Sonnenblumenkeimlinge und Rettichsprossen unter fließendem kaltem Wasser gründlich abspülen, abtropfen lassen. Das Salz unter ständigem Rühren im Zitronensaft und der Sojasauce auflösen. Die Sauce kräftig mit Pfeffer würzen.

AVOCADOS schälen, längs halbieren und den Kern entfernen. Das Fruchtfleisch mit einer Gabel zerdrücken, unter die Sauce mischen. Die Masse so lange verrühren, bis sie glatt und cremig ist.

ZWIEBEL-, Paprikawürfel, Keimlinge und die Sprossen unter die Creme heben. Schnittknoblauch waschen, trockentupfen und in feine Röllchen schneiden, die Avocadocreme damit garnieren.

Walnußcreme

raffiniert • für Gäste

FÜR 4 PERSONEN

75 g Walnußkerne

100 g Champignons

1 TL Zitronensaft

1 Schalotte

1 Knoblauchzehe

evtl. 1–2 EL Gemüsebrühe

1/4 TL Meersalz

frisch gemahlener Pfeffer

1/2 Kästchen Kresse

EINWEICHZEIT: 8 STD.
ZUBEREITUNGSZEIT: 15 MIN.

Pro Person etwa: 145 kcal

50

WALNUSSKERNE in 150 ml kaltem Wasser mindestens 8 Std. zugedeckt einweichen.

CHAMPIGNONS mit einem Tuch abreiben, die Stielenden abschneiden. Pilze mit Zitronensaft vermischen. Schalotte und Knoblauchzehe schälen und fein hacken.

WALNUSSKERNE in einem Sieb abtropfen lassen, im Blitzhacker grob hacken. Champignons dazugeben und alles so lange hacken, bis die Masse eine cremige Konsistenz hat. Eventuell etwas Gemüsebrühe dazugeben.

SCHALOTTE und Knoblauchzehe unter die Walnußcreme mischen, mit Salz und Pfeffer abschmecken. Kresse abspülen, die Blättchen abschneiden und über die Creme streuen.

DIE Walnußcreme schmeckt fein zu frischen Vollkornbrötchen. Sie eignet sich auch gut als aparte Füllung für Gemüse, zum Beispiel für Champignons und kleine Tomaten.

Sauerkraut-Möhren-Drink

FÜR 4 PERSONEN

1 kleine Flasche natriumarmer
Sauerkrautsaft (333 ml Inhalt)

200 ml Möhrensaft

150 g selbstgemachter Joghurt (Seite 39)

ZUBEREITUNGSZEIT: 5 MIN.

Pro Person etwa: 30 kcal

schnell • erfrischend

SAUERKRAUTSAFT, Möhrensaft und den Joghurt im Mixer 1 Min. aufmixen.

ANSTELLE von Joghurt können Sie auch Dickmilch verwenden oder 2 EL kaltgepreßtes Sonnenblumenöl unter den Drink mixen.

Mandel-Dattel-Milch

FÜR 4 PERSONEN

50 g geschälte Mandeln

200 ml Apfelsaft

300 ml Milch

60 g frische Datteln

1 Msp. Zimt

ZUBEREITUNGSZEIT: 5 MIN.

Pro Person etwa: 130 kcal

raffiniert • vollwertig

MANDELN mit dem Apfelsaft und der Milch im Mixer auf kleinster Stufe 2–3 Min. aufmixen, bis eine homogene Konsistenz entstanden ist.

DATTELN entsteinen, mit dem Zimt zur Milch geben und nochmals kurz aufmixen.

ALS Variante können Sie statt Mandeln auch Cashewkerne verwenden.

DA frische Datteln nicht das ganze Jahr über erhältlich sind, am besten für den Vorrat entsteinte Datteln einfrieren.

Orangen-Mandel-Mix

erfrischend • schmeckt auch Kindern

FÜR 4 PERSONEN

6 Orangen

25 g geschälte Mandeln

60 g getrocknete Aprikosen

1 Msp. gemahlener Ingwer

50 g Sahne

ZUBEREITUNGSZEIT: 10 MIN.

Pro Person etwa: 190 kcal

ORANGEN halbieren, 4 kleine Scheiben zum Garnieren abschneiden und beiseite legen. Die Orangenhälften auspressen, sie sollten mindestens 1/2 l Saft ergeben.

MANDELN mit den Aprikosen und 100 ml Wasser im Mixer etwa 3 Min. kräftig mixen. Orangensaft und Ingwer hinzufügen, durchmixen. Die Sahne langsam einlaufen lassen und alles noch einmal kurz aufschlagen.

DEN Mix in Longdrinkgläser verteilen, die Orangenscheiben an die Gläser stecken.

Erdbeermix

schmeckt nur ganz frisch • schnell

FÜR 4 PERSONEN

500 g selbstgemachter Joghurt (Seite 39)

1 EL Honig

2 EL Cashewkerne

250 g Erdbeeren

1 Zweig Zitronenmelisse

ZUBEREITUNGSZEIT: 10 MIN.

Pro Person etwa: 130 kcal

JOGHURT, Honig und die grobgehackten Cashewkerne im Mixer auf kleinster Stufe aufschlagen.

ERDBEEREN waschen und die Stiele entfernen. Die Beeren kurz mitmixen. Den Drink in gekühlte Sektschalen verteilen.

ZITRONENMELISSE waschen, die Blättchen fein hacken und auf den Erdbeermix streuen.

EINE besondere Note bekommt der Drink, wenn Sie eine Kugel Limetteneis in die Mitte der Glasschalen setzen.

ROHKOST, SALATE UND DIPS[*]

54

*

IN frischer knackiger Rohkost bleiben die Bioaktiven Substanzen weitgehend unverändert erhalten, sie sollte deshalb täglich auf Ihren Speiseplan stehen.

VERZEHREN Sie phantasievoll zusammengestellte Rohkost zu allen vier Jahreszeiten. Zum Beispiel in Form von sommerlich erfrischenden Salaten mit saisongerechtem Gemüse und leichten Dressings.

ODER aus typischem Wintergemüse zusammengestellte Salate mit Haselnußdressing und gerösteten Maronen. Mit angekeimten Hülsenfrüchten oder Samen und vielen frisch gehackten Kräutern bestreut, überzeugen diese Kombinationen jeden Gourmet. Am unkompliziertesten ist es, rohes Gemüse und Obst in eine würzige Sauce zu dippen oder mit ein paar Nüssen oder Sonnenblumenkernen einfach aus der Hand zu essen.

Sauerkrautfrischkost mit Birne

reich an Vitamin C • schnell

FÜR 4 PERSONEN

200 g selbstgemachtes Sauerkraut (Seite 38)

1 TL Apfelessig · 1 TL Apfeldicksaft

1 kleine Zwiebel

1 Msp. Zimt · 2 EL Sonnenblumenöl

75 g selbstgemachter Joghurt (Seite 39)

frisch gemahlener Pfeffer

1 kleine Williams-Christ-Birne (etwa 150 g)

50 g Feldsalat

1 Msp. Kräutersalz

1 EL Aceto Balsamico (Balsamessig)

1/2 TL selbstgemachter Senf (Seite 39)

50 g Maronen (Eßkastanien)

ZUBEREITUNGSZEIT: 20 MIN.

Pro Person etwa: 120 kcal

SAUERKRAUT grob hacken, mit Apfelessig und -dicksaft vermischen. Die Zwiebel schälen, fein würfeln, unter das Sauerkraut mischen.

ZIMT und 1 EL Öl mit dem Joghurt verrühren, mit Pfeffer abschmecken. Die Birne vierteln, vom Kerngehäuse befreien, in feine Streifen schneiden und locker unter den Joghurt heben.

FELDSALAT putzen, waschen und gut abtropfen lassen. Salz im Essig unter Rühren auflösen, dann den Senf und 1 EL Öl unterrühren. Das Dressing unter den Feldsalat heben, Salat auf Teller verteilen. Das Sauerkraut locker darüber streuen und den Birnen-Joghurt-Salat obenauf geben.

DIE Schale der Maronen über Kreuz einschneiden und die Maronen in einer heißen Pfanne ohne Fettzugabe 5–7 Min. backen, bis sich die Schale lösen läßt. Maronen vierteln und noch warm über den Salat geben.

ANSTELLE von Zimt frisch geriebenen Ingwer, anstatt Birne frische Ananas verwenden. Oder die Maronen gegen Cashewkerne oder leicht geröstete Sonnenblumenkerne austauschen.

Broccolifrischkost mit Haselnußmus

gelingt leicht • fürs Buffet

FÜR 4 PERSONEN

2 EL Haselnußmus (aus dem Glas)

4 EL Apfelsaft

1 EL Apfelessig

1/2 TL Meersalz

frisch gemahlener Pfeffer

400 g Broccoli

1 kleiner Apfel

50 g Radicchio

50 g angekeimte Haselnüsse (Seite 32)

ZUBEREITUNGSZEIT: 20 MIN.

Pro Person etwa: 180 kcal

HASELNUSSMUS in einer größeren Rührschüssel mit Apfelsaft, Apfelessig, Salz und Pfeffer so lange kräftig verrühren, bis sich das Salz ganz aufgelöst hat.

BROCCOLI waschen und putzen, dabei den Strunk schälen. Broccoli auf einer Gemüsereibe fein hobeln.

APFEL waschen, vierteln, vom Kerngehäuse befreien und ebenfalls fein hobeln. Zusammen mit dem Broccoli unter die Nußsauce mischen. Radicchio putzen, waschen, die Blätter in mundgerechte Stücke zupfen und vier flache Teller damit auslegen.

BROCCOLIFRISCHKOST mit Salz und Pfeffer abschmecken und auf den Radicchio-blättern verteilen.

ANGEKEIMTE Haselnußkerne gründlich waschen, gut abtropfen lassen und über den Salat streuen.

ANSTELLE von Nußmus können Sie 2 EL Haselnußöl verwenden.

Paprikafrischkost
mit Azukibohnensprossen

für Partys • gut vorzubereiten

FÜR 4 PERSONEN

1/2 TL Meersalz · 2 EL Apfelessig

frisch gemahlener Pfeffer

2 TL Kräutersenf (Seite 39)

2 EL kaltgepreßtes Olivenöl

1 Zwiebel · 2 Knoblauchzehen

80 g Azukibohnensprossen (Seite 32)

je 1 rote, gelbe und grüne Paprikaschote

(zusammen etwa 200 g)

2 Tomaten

1/2 Bund Petersilie

12 schwarze Oliven

ZUBEREITUNGSZEIT: 20 MIN.

Pro Person etwa: 155 kcal

58

FÜR die Salatsauce das Salz unter Rühren im Essig auflösen. Dann Pfeffer, Senf und Olivenöl darunterschlagen.

ZWIEBEL und Knoblauchzehen schälen und klein würfeln. Die Azukibohnensprossen in einem Sieb unter kaltem Wasser abspülen und gut abtropfen lassen.

BOHNENSPROSSEN, Zwiebel und Knoblauch mit der Salatsauce mischen.

PAPRIKASCHOTEN waschen, vierteln, putzen und in feine Streifen schneiden. Die Tomaten waschen, vom Stielansatz befreien und ebenfalls in Streifen schneiden. Das Gemüse zum Salat geben, unterheben und abschmecken.

PETERSILIE waschen, trockentupfen, die Blätter grob hacken und zusammen mit den Oliven über die Paprikafrischkost streuen.

Zucchini in Mandelsauce

gelingt leicht • für Gäste

FÜR 4 PERSONEN

1/4 TL Kräutersalz

1 EL Zitronensaft · 2 EL Gemüsebrühe

3 EL Mandelmus · 2 Zucchini

1 Möhre · Radicchioblätter zum Auslegen

der Teller · frisch gemahlener Pfeffer

100 g Sonnenblumenkeimlinge (Seite 32)

je etwas Petersilie, Kerbel und Sauerampfer

ZUBEREITUNGSZEIT: 15 MIN.

Pro Person etwa: 65 kcal

SALZ mit Zitronensaft und Brühe verrühren, das Mandelmus darunterschlagen. Zucchini und Möhre waschen, putzen und in 3 mm dicke Scheiben schneiden. Geputzte Radicchioblätter auf Tellern auslegen. Das Gemüse abwechselnd kreisförmig darauf anrichten und mit Pfeffer aus der Mühle übermahlen. Die Mandelsauce darüber verteilen.

SONNENBLUMENKEIMLINGE gründlich waschen, gut abtropfen lassen, über das Gemüse geben. Kräuter waschen, die Blättchen fein hacken und auf den Salat streuen.

Fenchelfrischkost mit Ananas

schnell • erfrischend

FÜR 4 PERSONEN

1/4 TL Meersalz · 1 EL Zitronensaft

1/2 Banane

150 g selbstgemachter Joghurt (Seite 39)

2 EL Kokosraspel · 1 Msp. Vanillemark

1 Stück frischer Ingwer (etwa 20 g)

400 g Fenchel mit Grün

1/4 frische Ananas · 2 EL Mandelblättchen

ZUBEREITUNGSZEIT: 20 MIN.

Pro Person etwa: 120 kcal

SALZ mit Zitronensaft verrühren. Die Banane zerdrücken, mit Joghurt, Kokosraspel, Vanillemark und Zitronensaft verrühren. Ingwer schälen, fein reiben, unter die Sauce ziehen.

FENCHEL waschen, putzen, das Grün beiseite legen. Fenchelknolle in feine Streifen schneiden. Ananas putzen, das Fruchtfleisch klein würfeln und mit dem Fenchel unter die Sauce mischen. Fenchelgrün hacken. Mandelblättchen ohne Fettzugabe goldgelb anrösten und mit dem Fenchelgrün über den Salat streuen.

Staudensellerie in Limetten-Minze-Sauce

exotisch • raffiniert

FÜR 4 PERSONEN

50 g geschälte Mandeln

3 EL Limettensaft · 1 TL helle Sojasauce

50–75 ml Apfelsaft

50 g Pastinake oder Petersilienwurzel

1 Schalotte · 1 Bund Pfefferminze

1 Msp. Cayennepfeffer

400 g Staudensellerie

1 kleiner Apfel

12 Cocktailtomaten

EINWEICHZEIT: 8 STD.
ZUBEREITUNGSZEIT: 25 MIN.

Pro Person etwa: 230 kcal

MANDELN mindestens 8 Std. in 300 ml Wasser einweichen. Anschließend abgießen und gut abtropfen lassen.

ANSCHLIESSEND mit Limettensaft, Sojasauce und 50 ml Apfelsaft im Mixer zu einer cremigen Sauce aufschlagen.

PASTINAKE oder Petersilienwurzel und Schalotte schälen, würfeln, zur Mandelmasse geben und alles nochmals aufmixen.

PFEFFERMINZE waschen, die Blättchen fein hacken und mit dem Cayennepfeffer unter die Sauce mischen. Eventuell noch mit etwas Apfelsaft verdünnen.

STAUDENSELLERIE waschen, putzen und das feine Grün beiseite legen. Sellerie in ganz feine Streifen schneiden. Den Apfel waschen, vom Kerngehäuse befreien, klein würfeln und mit dem Sellerie unter die Limettensauce heben. Den Salat mit Cocktailtomaten und feingehacktem Selleriegrün garnieren.

Möhrenfrischkost

vitaminreich • erfrischend

FÜR 4 PERSONEN

150 g selbstgemachter Joghurt (Seite 39)

3 EL geschälte Mandeln

1 EL Zitronensaft

1/4 TL Meersalz

frisch gemahlener Pfeffer

1/2 Bund Zitronenmelisse

300 g Möhren · 1 Apfel

ZUBEREITUNGSZEIT: 15 MIN.

Pro Person etwa: 90 kcal

JOGHURT, 2 EL Mandeln, Zitronensaft, Salz und etwas Pfeffer im Mixer aufschlagen.

ZITRONENMELISSE waschen, trockentupfen, die Blätter sehr fein hacken und unter die Salatsauce ziehen.

MÖHREN unter Wasser abbürsten, grob raspeln und mit der Sauce mischen. Den Apfel waschen, vom Kerngehäuse befreien, grob raspeln, unter den Salat heben.

ÜBRIGE Mandeln grob hacken, in einer Pfanne ohne Fettzugabe hellbraun rösten und über die Frischkost streuen.

62

Weißkohl-Möhren-Salat

schnell • preiswert

FÜR 4 PERSONEN

1 kleiner Weißkohl (etwa 600 g)

2 EL Sesamöl · 1/4 TL Meersalz

1 TL Kümmel

2 EL Apfelessig · Pfeffer

1 große Möhre · 1 Apfel

100 g saure Sahne · 1 Kästchen Kresse

1/2 Tasse Sesamsprossen (Seite 32)

ZUBEREITUNGSZEIT: 20 MIN.

Pro Person etwa: 130 kcal

WEISSKOHL putzen und den Strunk herausschneiden. Den Kohl waschen, vierteln und fein hobeln. Mit Öl und Salz weich stampfen, dann mit Kümmel, Essig und Pfeffer würzen.

MÖHRE und Apfel waschen, putzen und grob raspeln. Beides mit der sauren Sahne unter den Salat ziehen. Kresseblättchen und Sesamsprossen abspülen, beides über den Salat streuen.

Chinakohlfrischkost
mit gekeimten Kichererbsen

gelingt leicht • kalorienarm

FÜR 4 PERSONEN

1/4 TL Meersalz · 2 EL Apfelessig

1 TL Kräutersenf (Seite 39)

100 g saure Sahne

1 EL kaltgepreßtes Olivenöl

frisch gemahlener Pfeffer

1 Zwiebel

1 Knoblauchzehe

100 g Kichererbsenkeimlinge (Seite 32)

300 g Chinakohl

1 Tomate

1 grüne Paprikaschote

1/2 Bund Petersilie

1 Zweig Liebstöckel

ZUBEREITUNGSZEIT: 20 MIN.

Pro Person etwa: 125 kcal

FÜR die Salatsauce das Salz unter Rühren im Essig auflösen. Dann den Senf, die saure Sahne und das Öl darunterschlagen. Die Sauce mit Pfeffer kräftig würzen.

ZWIEBEL und Knoblauchzehe schälen und sehr fein würfeln. Die Kichererbsenkeimlinge in kochendem Wasser 1 Min. blanchieren, dann in einem Sieb kalt abspülen, gut abtropfen lassen. Keimlinge, Zwiebel und Knoblauch unter die Sauce ziehen.

CHINAKOHL, Tomate und die Paprikaschote waschen, putzen und alles in feine Streifen schneiden. Gemüsestreifen unter die Sauce mit den Keimlingen heben. Die Frischkost abschmecken.

PETERSILIE und Liebstöckel waschen, trockenschütteln, die Blätter fein hacken und darüber streuen.

Topinamburfrischkost

raffiniert • würzig

FÜR 4 PERSONEN

150 g selbstgemachter Joghurt (Seite 39)

1 EL Zitronensaft

Meersalz · Pfeffer

1 Stück Meerrettich (etwa 20 g)

200 g Topinambur

200 g rote Beten

2 Bund Rucola (etwa 100 g)

1 EL Aceto Balsamico (Balsamessig)

2 EL Nußöl

2 EL angekeimte Haselnüsse (Seite 32)

1 mittelgroße Birne

ZUBEREITUNGSZEIT: 20 MIN.

Pro Person etwa: 210 kcal

FÜR die Meerrettichsauce Joghurt, Zitronensaft, 1/2 TL Salz und etwas Pfeffer miteinander verrühren. Den Meerrettich schälen, fein reiben und untermischen.

TOPINAMBUR und die roten Beten gründlich abbürsten, waschen, eventuell schälen und grob raspeln. Das Gemüse sofort mit der Meerrettichsauce vermengen.

RUCOLA verlesen, waschen, trockenschleudern und vier große Teller damit kreisförmig auslegen.

ESSIG, Öl, 1 Msp. Salz und etwas Pfeffer zu einer Marinade verschlagen, gleichmäßig über den Rucola träufeln.

TOPINAMBURFRISCHKOST mit Salz und Pfeffer abschmecken, in die Mitte der Teller verteilen.

ANGEKEIMTE Haselnüsse gründlich abspülen und abtropfen lassen. Die Birne waschen, vierteln, vom Kerngehäuse befreien, in feine Scheibchen schneiden und mit den Nußkeimen über die Frischkost streuen.

Knollenselleriesalat mit rosa Pfeffer

exklusiv • für Gäste

FÜR 4 PERSONEN

1 unbehandelte Orange

4 EL Crème fraîche

1 Msp. Meersalz

1 großer Knollensellerie (etwa 400 g)

1 kleiner Apfel

2 EL Sonnenblumenkeimlinge (Seite 32)

2 getrocknete Aprikosen

1 TL eingelegte rosa Pfefferkörner (aus dem Glas)

ZUBEREITUNGSZEIT: 20 MIN.

Pro Person etwa: 125 kcal

66

ORANGE heiß abwaschen, abtrocknen und die Schale ganz dünn abreiben. Orange halbieren und den Saft auspressen.

ORANGENSAFT, -schale, Crème fraîche und Salz zu einer Sauce verrühren.

SELLERIEKNOLLE putzen, eventuell schälen und waschen. Sellerie in ganz feine Streifen schneiden oder grob raspeln und sofort unter die Sauce ziehen.

APFEL waschen, vierteln, vom Kerngehäuse befreien, in Streifen schneiden und unter den Selleriesalat heben.

SONNENBLUMENKEIMLINGE unter fließenden kaltem Wasser abspülen und gut abtropfen lassen. Die Aprikosen in feine Streifen schneiden, mit den rosa Pfefferkörnern vermengen und zusammen mit den Keimlingen über den Salat streuen.

Gurkensalat mit Rettichsprossen

würzig • kalorienarm

FÜR 4 PERSONEN

150 g selbstgemachter Joghurt (Seite 39)

2 EL selbstgemachter Senf (Seite 39)

1 Msp. Meersalz

1 TL Zitronensaft

400 g Salatgurke

1/2 Bund Dill

1 Tomate

100 g Champignons

2 EL Rettichsprossen (Seite 32)

ZUBEREITUNGSZEIT: 20 MIN.

Pro Person etwa: 50 kcal

FÜR die Senfsauce Joghurt, Senf, Salz und Zitronensaft gründlich verrühren.

SALATGURKE waschen und auf der Aufschnittmaschine oder mit einem scharfen Messer der Länge nach in 3 mm dicke Streifen schneiden. Die 4 größten Streifen beiseite legen. Die restlichen Gurkenstreifen in feine Blättchen schneiden, unter die Sauce heben.

DILL waschen, trockentupfen und 4 schöne Spitzen zum Garnieren beiseite legen, übrigen Dill fein hacken.

TOMATE waschen, vom Stielansatz befreien und klein würfeln. Die Champignons mit einem Tuch abreiben, die Stielenden abschneiden. Pilze in dünne Scheiben schneiden. Pilze, die Hälfte der Tomatenwürfel und den gehackten Dill unter den Salat mischen, abschmecken.

GURKENSTREIFEN zu Ringen zusammenstecken und in die Mitte von großen Tellern setzen. Den Salat in die Ringe füllen. Rettichsprossen unter fließend kaltem Wasser abspülen, mit den übrigen Tomatenwürfeln über dem Gurkensalat verteilen und mit den Dillspitzen garnieren.

Feldsalat mit Champignons

kalorienarm • vollwertig

FÜR 4 PERSONEN

2 Msp. Kräutersalz

2 EL Aceto Balsamico (Balsamessig)

100 g saure Sahne

1 EL kaltgepreßtes Olivenöl

1 kleine Knoblauchzehe

frisch gemahlener Pfeffer

je 1 rote und gelbe Tomate

100 g Champignons

100 g Feldsalat

1 Bund Rucola (etwa 50 g)

40 g Getreidesprossen (Seite 32)

1 Frühlingszwiebel

1/2 Bund Petersilie

1/2 Bund Estragon

ZUBEREITUNGSZEIT: 20 MIN.

Pro Person etwa: 110 kcal

FÜR die Salatsauce das Salz unter Rühren im Essig auflösen. Dann die saure Sahne und das Olivenöl darunterschlagen. Die Knoblauchzehe schälen, mit etwas Salz zu einer Paste zerdrücken und mit etwas Pfeffer unter die Salatsauce mischen.

TOMATEN waschen, vom Stielansatz befreien und grob würfeln. Champignons mit einem Tuch abreiben, die Stielenden abschneiden, Pilze vierteln. Tomaten und Champignons unter die Salatsauce heben.

FELDSALAT und Rucola verlesen, waschen, trockenschleudern und auf großen Tellern auslegen. Die Tomaten-Pilz-Mischung darauf anrichten.

GETREIDESPROSSEN unter fließend kaltem Wasser gründlich waschen und gut abtropfen lassen. Frühlingszwiebel putzen, waschen, in feine Ringe schneiden. Die Kräuter waschen, trockentupfen und die Blätter fein hacken. Getreidesprossen, Frühlingszwiebel und Kräuter dekorativ über den Salat streuen. Sofort servieren.

Gartensalat mit Zitronen-Mandel-Sauce

erfrischend • raffiniert

FÜR 4 PERSONEN

50 g geschälte Mandeln

1 Knoblauchzehe

1–2 EL Zitronensaft · 1 EL helle Sojasauce

5 EL kaltgepreßtes Olivenöl

1 TL unbehandelte, abgeriebene Zitronenschale

50 g junger Blattspinat oder Rucola

1 gelber Zucchino (etwa 150 g)

1 kleine Salatgurke · 1 rote Paprikaschote

1 Tomate · 1 kleine Zwiebel

je 20 g Rettich- und Alfalfasprossen (Seite 32)

50 g Sonnenblumenkeimlinge (Seite 32)

100 g Weizensprossen (Seite 32)

EINWEICHZEIT: ÜBER NACHT
ZUBEREITUNGSZEIT: 25 MIN.

Pro Person etwa: 310 kcal

FÜR die Zitronen-Mandel-Sauce die Mandeln über Nacht in 100 ml Wasser einweichen.

AM anderen Tag den Knoblauch schälen. Abgetropfte Mandeln, Knoblauch, Zitronensaft und Sojasauce im Mixer langsam aufschlagen. Dann das Öl tröpfchenweise dazugeben, bis eine mayonnaisenähnliche Konsistenz entstanden ist. Die Zitronenschale untermischen.

FÜR den Salat Spinat oder Rucola verlesen, waschen und gut abtropfen lassen. Zucchino, Gurke, Paprikaschote und Tomate waschen und putzen. Die Zwiebel schälen. Zucchino, Gurke, Tomate und Zwiebel in Scheiben, Paprikaschote in Streifen schneiden. Sprossen und Keimlinge gründlich waschen und abtropfen lassen. Die Salatzutaten miteinander vermengen, die Zitronen-Mandel-Sauce getrennt dazu servieren.

DEN Salat nach Belieben noch mit eßbaren Blüten, zum Beispiel mit Gänseblümchen oder Kapuzinerkresseblüten, garnieren.

Sprossensalat mit Avocadodressing

schmeckt nur frisch • vollwertig

FÜR 4 PERSONEN

1 kleine, reife Avocado

2 EL Apfelessig

100 g saure Sahne

1 Knoblauchzehe

1/4 TL Kräutersalz

frisch gemahlener Pfeffer

50 g Zucchini · 50 g Möhre

100 g Getreidesprossen (Seite 32)

100 g Eissalat

1 EL Sonnenblumenöl

1 kleine rote Zwiebel

1 Bund Schnittlauch

ZUBEREITUNGSZEIT: 20 MIN.

Pro Person etwa: 215 kcal

FÜR das Dressing die Avocado schälen, längs halbieren und den Kern entfernen. Das Fruchtfleisch mit 1 EL Essig und der sauren Sahne im Mixer aufschlagen.

KNOBLAUCHZEHE schälen, mit dem Salz zu einer Paste zerdrücken und unter das Dressing rühren. Mit Pfeffer abschmecken.

ZUCCHINI und Möhre waschen, putzen und grob raspeln. Die Getreidesprossen waschen, gut abtropfen lassen und mit dem Gemüse unter das Dressing mischen. Eissalat waschen, in große Stücke zerpflücken und vier Teller damit auslegen. Mit übrigem Essig und dem Öl beträufeln. Den Sprossensalat darauf anrichten.

ZWIEBEL schälen, in hauchdünne Ringe schneiden. Den Schnittlauch waschen und in feine Röllchen schneiden, beides über dem Salat verteilen.

Orientalischer Sprossen-Gemüse-Salat

gelingt leicht • deftig

FÜR 4 PERSONEN

50 g Mungobohnensprossen (Seite 32)

50 g Azukibohnensprossen (Seite 32)

50 g Linsenkeimlinge (Seite 32)

1 frischer Zuckermaiskolben

100 g Zuckerschoten oder 100 g frische
ausgepalte Erbsen

1 rote Paprikaschote

1/2 kleiner Staudensellerie

1 Zwiebel · 1 Knoblauchzehe

1/2 TL Meersalz · 2 EL Zitronensaft

2–3 EL helle Sojasauce

2 EL Sesamöl

frisch gemahlener Pfeffer

1 reife Avocado

ZUBEREITUNGSZEIT: 25 MIN.

Pro Person etwa: 175 kcal

ALLE Sprossen und Keimlinge in kochendem Wasser 1 Min. blanchieren, in einem Sieb unter kaltem Wasser abschrecken und gut abtropfen lassen.

VOM Maiskolben die äußeren Blätter abziehen, mit einem spitzen Messer die Maiskörner auslösen und gründlich waschen. Zuckerschoten putzen. Maiskörner, Zuckerschoten oder frische Erbsen in kochendem Wasser 2 Min. blanchieren, eiskalt abschrecken und gut abtropfen lassen.

PAPRIKASCHOTE waschen, vierteln, putzen und das Fruchtfleisch klein würfeln. Sellerie putzen, waschen und in Streifen schneiden. Zwiebel und Knoblauch schälen, fein hacken.

FÜR die Sauce das Salz unter Rühren im Zitronensaft auflösen. Sojasauce und Sesamöl darunterschlagen, mit frisch gemahlenem Pfeffer abschmecken.

SPROSSEN, Keimlinge, Mais, Zuckerschoten oder Erbsen, Paprikaschote, Sellerie, Zwiebel und Knoblauch mit der Salatsauce vermischen.

AVOCADO schälen, längs halbieren und den Kern entfernen. Das Fruchtfleisch klein würfeln und über dem Salat verteilen, sofort servieren.

Lauwarmer Salat von Berglinsen

raffiniert • für Gäste

FÜR 4 PERSONEN

750 g Kartoffeln

1/4 l kräftige Gemüsebrühe

1/2 TL Meersalz

1 TL Kräutersenf (Seite 39)

2 EL Apfelessig

3 EL kaltgepreßtes Sonnenblumenöl

weißer Pfeffer

1–2 EL Aceto Balsamico (Balsamessig)

100 g Berglinsenkeimlinge (Seite 32)

je 1/2 rote, gelbe und grüne Paprikaschote

1 kleine Zwiebel

2 EL Schnittlauchröllchen

ZUBEREITUNGSZEIT: 45 MIN.

Pro Person etwa: 290 kcal

KARTOFFELN waschen und mit Schale zugedeckt in 25–30 Min. gar dämpfen. Inzwischen die Gemüsebrühe mit 1/4 TL Salz erhitzen. Den Kräutersenf und den Essig unterrühren.

KARTOFFELN abgießen, kurz abschrecken, noch heiß pellen und in dünne Scheiben schneiden. Unter die gewürzte Gemüsebrühe mischen. Anschließend 1 EL Sonnenblumenöl unterrühren.

FÜR das Dressing 1/4 TL Salz mit etwas frisch gemahlenem Pfeffer, Aceto Balsamico und 2 EL Sonnenblumenöl verrühren.

LINSENKEIMLINGE in kochendem Wasser 1 Min. blanchieren, in einem Sieb abtropfen lassen und unter das Dressing mischen.

PAPRIKASCHOTEN waschen, vierteln, vom Kerngehäuse befreien und in Streifen schneiden. Die Zwiebel schälen, fein hacken und zusammen mit den Paprikastreifen unter die Linsen mischen.

KARTOFFELSCHEIBEN auf vier Teller verteilen, darauf den Linsensalat setzen und mit Schnittlauchröllchen bestreuen.

Gekeimte Kichererbsen
mit Currydressing

fürs Buffet • würzig

FÜR 4 PERSONEN

1/2 TL Meersalz · 1 EL Zitronensaft

1 TL Currypulver

1 TL frisch geriebener Ingwer

Pfeffer · 200 g saure Sahne

1 kleine Banane · 1 kleiner Apfel

1 kleiner Zucchino (etwa 150 g)

1 Tomate

200 g Kichererbsenkeimlinge (Seite 32)

2 EL angekeimte Mandeln (Seite 32)

3 Zweige Zitronenthymian oder

1 Stengel Zitronengras

ZUBEREITUNGSZEIT: 25 MIN.

Pro Person etwa: 215 kcal

FÜR das Dressing das Salz unter Rühren im Zitronensaft auflösen. Currypulver, Ingwer und etwas frisch gemahlenen Pfeffer hinzufügen und die saure Sahne unterschlagen.

BANANE schälen, den Apfel waschen und vom Kerngehäuse befreien. Beides in sehr kleine Würfel schneiden und unter das Currydressing ziehen.

ZUCCHINO und Tomate waschen und putzen, das Gemüse in 1 x 1 cm große Würfel schneiden. Die Kichererbsenkeimlinge in kochendem Wasser 1 Min. blanchieren, kalt abschrecken und gut abtropfen lassen. Die Mandeln in einem Sieb unter kaltem Wasser abspülen und ebenfalls gut abtropfen lassen. Beides mit Zucchini- und Tomatenwürfeln unter das Dressing mischen.

ZITRONENTHYMIAN waschen und die Blätter von den Stengeln streifen oder das Zitronengras von losen und trockenen Hüllblättern befreien, den unteren verdickten Teil waschen und in hauchfeine Scheibchen schneiden. Zitronenthymian oder Zitronengras über den Salat streuen.

Kichererbsen-Zitronen-Sauce

gelingt leicht • schnell

2 EL Sesammus (Tahin)

2 EL Zitronensaft

60 g Kichererbsenkeimlinge (Seite 32)

1 Knoblauchzehe

1/4 TL Meersalz

ZUBEREITUNGSZEIT: 10 MIN.

Pro Person etwa: 75 kcal

SESAMMUS mit dem Zitronensaft und 2 EL Wasser mit dem Pürierstab zur Sauce aufmixen.
KICHERERBSENKEIMLINGE in einem Sieb kalt abspülen und abtropfen lassen. Anschließend im Blitzhacker fein hacken und unter die Sauce ziehen.
KNOBLAUCHZEHE schälen und durch die Knoblauchpresse dazudrücken. Die Sauce mit Salz abschmecken.
SIE paßt zu Blatt- und Gemüsesalaten und als Dip für rohe Gemüsestücke.

Senfcreme

scharf • preiswert

FÜR 4 PERSONEN

50 g Sonnenblumenkeimlinge (Seite 32)

2 EL Senfsprossen (Seite 32)

1 EL Apfelessig

1 EL Sonnenblumenöl

1-2 EL selbstgemachter Senf (Seite 39)

1 TL Honig

1 Msp. Kräutersalz

ZUBEREITUNGSZEIT: 10 MIN.

Pro Person etwa: 60 kcal

SONNENBLUMENKEIMLINGE und Senfsprossen getrennt gründlich abspülen und gut abtropfen lassen.
SONNENBLUMENKEIMLINGE im Blitzhacker fein hacken. Mit Essig, Öl und Senf verrühren. Die Creme mit Honig und Salz abschmecken, mit den Senfsprossen garnieren.
DIE Senfcreme schmeckt fein als Brotaufstrich. Sie paßt, mit etwas Gemüsebrühe verdünnt, gut als Dressing zu sommerlichen Salatkombinationen.

Orangen-Zitronenmelisse-Sauce

erfrischend • schnell

FÜR 4 PERSONEN

50 g geschälte Mandeln

1 unbehandelte Orange

1/2 Bund Zitronenmelisse

50 g Staudensellerie · 1 Schalotte

1 TL Zitronensaft · 1–2 EL Sesamöl

1/2 TL Meersalz · 1 Msp. Cayennepfeffer

EINWEICHZEIT: 8 STD.
ZUBEREITUNGSZEIT: 10 MIN.

Pro Person etwa: 125 kcal

MANDELN zugedeckt 8 Std. in 100 ml Wasser einweichen.

AM anderen Tag von 1/2 Orange die Schale abreiben, Orange auspressen. Zitronenmelisse waschen, trockentupfen und fein hacken. Sellerie waschen, putzen und kleinschneiden, Schalotte schälen.

MANDELN abgießen, mit Orangen- und Zitronensaft im Mixer cremig aufschlagen. Eventuell etwas Wasser hinzufügen. Sellerie und Schalotte dazugeben, mitmixen. Öl unterrühren und die Sauce mit Salz und Cayennepfeffer abschmecken. Sie paßt gut zu Blattsalaten.

Aprikosen-Curry-Sauce

für Partys • gut vorzubereiten

FÜR 4 PERSONEN

50 g geschälte Mandeln · 2 Orangen

100 g getrocknete Aprikosen

100 g Sahne

150 g selbstgemachter Joghurt (Seite 39)

1 EL Zitronensaft · 1 TL geriebener Ingwer

1 TL Currypulver · 1 Msp. Meersalz

frisch gemahlener Pfeffer · 1/2 TL Honig

EINWEICHZEIT: ÜBER NACHT
ZUBEREITUNGSZEIT: 15 MIN.

Pro Person etwa: 265 kcal

MANDELN zugedeckt in 100 ml Wasser über Nacht einweichen. Orangen auspressen, den Saft über die Aprikosen gießen und ebenfalls über Nacht quellen lassen.

AM anderen Tag abgetropfte Mandeln und Aprikosen im Mixer so lange aufschlagen, bis eine sämige Sauce entstanden ist. Sahne, Joghurt, Zitronensaft, Ingwer und Currypulver unterrühren. Die Sauce mit Salz, Pfeffer und Honig kräftig abschmecken.

SCHMECKT als Dip für Gemüse oder zu exotischen Gerichten.

SUPPEN UND VORSPEISEN *

80

*

SUPPEN begeistern immer wieder als abwechslungsreicher und vielseitiger Auftakt eines Essens oder auch als warmes Hauptgericht. Je nach Jahreszeit können sie heiß oder kalt serviert werden. Vitalstoffreiche Suppen zeichnen sich durch kurze Garzeiten und ein intensives Farbspiel aus. EBENSO sollten kleine, leichte Vorspeisen als erfrischender Auftakt eines Mittag- oder Abendessens nicht fehlen. Die raffiniert zusammengestellten Köstlichkeiten bestehen überwiegend aus frischen Gemüsen, Salaten, Keimlingen, Sprossen und Obst. Sie versorgen uns mit reichlich Vitaminen, Mineralstoffen und Bioaktiven Substanzen.

VORSPEISEN können auch als Imbiß oder mit einem Salat kombiniert als Hauptmahlzeit gegessen werden. Alle Rezepte sind fettarm zubereitet und werden sicherlich jeden Feinschmecker erfreuen.

Getreidesprossen auf Brunnenkresse

schnell • fürs Buffet

FÜR 4 PERSONEN

1/2 TL Meersalz · frisch gemahlener Pfeffer

1 EL Zitronensaft

2 EL kaltgepreßtes Sonnenblumenöl

100 g gemischte Getreidesprossen (Seite 32)

1 Bund Radieschen · 1 Apfel

200 g körniger Frischkäse

1 Bund Brunnenkresse (100 g)

ZUBEREITUNGSZEIT: 20 MIN.

Pro Person etwa: 180 kcal

SALZ und Pfeffer unter Rühren im Zitronensaft auflösen, das Öl unterschlagen.

GETREIDESPROSSEN kalt abspülen und abtropfen lassen. Radieschen putzen, vierteln und mit den Sprossen unter die Sauce mischen.

APFEL waschen, halbieren, entkernen und klein würfeln, mit dem Frischkäse vermischen. Brunnenkresse putzen, auf vier große Teller verteilen. Den Sprossensalat mit Salz und Pfeffer abschmecken, auf die Kresse geben. Die Apfel-Frischkäse-Mischung auf dem Salat verteilen.

82

Schafkäsebällchen im Bärlauchmantel

würzig • raffiniert

FÜR 4 PERSONEN

150 g schnittfester Schafkäse

50 g Quark (20 % Fett)

1 kleine Stange Staudensellerie

1 kleine Möhre · 1 Bund Bärlauch (50 g)

2 EL Senfsprossen (Seite 32)

ZUBEREITUNGSZEIT: 25 MIN.

Pro Person etwa: 140 kcal

SCHAFKÄSE grob raspeln und mit dem Quark vermischen. Sellerie putzen. Die kleinsten Blätter entfernen und kleinhacken. Möhre putzen, mit dem Sellerie grob raspeln. Beides unter den Käse ziehen. Den Bärlauch waschen, trockentupfen, in feine Streifen schneiden und mit den abgespülten Senfsprossen vermengen.

KÄSEMISCHUNG zu 16 Bällchen formen, in der Bärlauch-Senf-Mischung wenden und mit dem Selleriegrün bestreuen. Dazu schmeckt dunkles Vollkornbrot.

Schafkäse mit Artischocken und Mais

gut vorzubereiten • würzig

FÜR 4 PERSONEN

1/4 TL Meersalz

1 EL Kräuteressig

1/2 TL Kräutersenf (Seite 39)

1 Msp. Honig

frisch gemahlener Pfeffer

2 EL kaltgepreßtes Sonnenblumenöl

1 Zwiebel

1 Knoblauchzehe

4 eingelegte Artischockenherzen

je 50 g Maiskörner und

50 g Erbsen (frisch oder tiefgekühlt)

2 Tomaten

100 g Schafkäse (Feta)

1/4 Kopf Friséesalat

je 2 EL gehacktes Basilikum und

Zitronenthymian · 50 g schwarze Oliven

ZUBEREITUNGSZEIT: 20 MIN.

Pro Person etwa: 215 kcal

FÜR die Salatsauce das Salz unter Rühren im Essig auflösen. Senf, Honig, etwas Pfeffer und das Öl darunterschlagen.

ZWIEBEL und den Knoblauch schälen, sehr fein hacken, unter die Sauce ziehen.

ARTISCHOCKENHERZEN abtropfen lassen und vierteln. Frische oder tiefgekühlte Maiskörner und Erbsen 1 Min. blanchieren, kalt abschrecken und abtropfen lassen. Die Tomaten waschen, vom Stielansatz befreien und grob würfeln. Den Schafkäse grob würfeln.

ARTISCHOCKENVIERTEL, Mais, Erbsen, Tomatenwürfel und Schafkäse unter die Sauce heben.

FRISÉESALAT waschen, putzen und trockenschleudern. Die Blätter etwas zerpflücken und vier Teller damit auslegen. Den Artischockensalat darauf anrichten.

BASILIKUM, Zitronenthymian und die Oliven über dem Salat verteilen.

Möhren in Knoblauch-Mandel-Marinade

schmeckt auch kalt • für Gäste

FÜR 4 PERSONEN

50 g Mandeln

400 g junge Möhren

4–6 junge Knoblauchzehen

2 EL kaltgepreßtes Olivenöl

100 ml Gemüsebrühe

2–3 EL Apfelessig

1 TL Meersalz

1/2 Bund Koriandergrün

ZUBEREITUNGSZEIT: 25 MIN.

Pro Person etwa: 170 kcal

MANDELN in kochendes Wasser geben, einmal aufkochen lassen, abgießen, kalt abschrecken und abtropfen lassen. Mandeln häuten und vierteln. Die Möhren putzen, unter Wasser kräftig abbürsten und der Länge nach in 2 mm dünne Scheiben schneiden. Die Knoblauchzehen schälen, halbieren oder vierteln.

OLIVENÖL in einer Pfanne erhitzen. Knoblauch, Mandeln und Möhren darin 2 Min. unter gelegentlichem Rühren anschwitzen. Die Gemüsebrühe angießen und alles 3–4 Min. dünsten, bis die Möhren bißfest sind.

ANSCHLIESSEND 2 EL Essig und das Salz zu den Möhren geben und unterrühren. Möhren im Sud etwas abkühlen lassen.

ZUM Servieren die Möhren mit Essig abschmecken. Den Koriander waschen und trockentupfen. Die Blätter von den Stengeln streifen, grob hacken und über die marinierten Möhren streuen.

DIESE Vorspeise können Sie nach Belieben lauwarm oder kalt servieren.

Thunfisch-Carpaccio mit roten Beten

exklusiv • für Gäste

FÜR 4 PERSONEN

1 kleine Zwiebel

1 Knoblauchzehe

1 EL kaltgepreßtes Olivenöl

50 ml Apfelsaft

400 g selbstgemachtes Sauerkraut (Seite 38)

2 EL Crème fraîche

2 EL saure Sahne

50 g geräucherter Thunfisch

2 Äpfel (z. B. Berlebsch)

einige Tropfen Zitronensaft

1 kleine rote Bete

1 Frühlingszwiebel

ZUBEREITUNGSZEIT: 30 MIN.

Pro Person etwa: 145 kcal

ZWIEBEL und die Knoblauchzehe schälen, fein hacken. Das Olivenöl in einem Topf erhitzen, Zwiebel und Knoblauch darin bei mittlerer Hitze in 2 Min. glasig dünsten. Mit dem Apfelsaft ablöschen. Sauerkraut etwas auflockern, dazugeben, alles einmal aufkochen, anschließend abkühlen lassen.

CRÈME FRAÎCHE und saure Sahne unter das abgekühlte Kraut mischen.

THUNFISCH in dünne Streifen schneiden. Die Äpfel waschen, abtrocknen, vom Kerngehäuse befreien und in 3 mm dünne Scheiben schneiden. Apfelscheiben mit Zitronensaft bepinseln und kreisförmig auf vier große Teller legen.

ROTE BETE waschen und schälen. Zuerst in dünne Scheiben, dann in Streifen schneiden.

SAUERKRAUT mit Hilfe eines kleinen Suppenlöffels in die Mitte der Teller auf die Äpfel setzen. Thunfisch- und rote Betestreifen drumherum streuen. Die Frühlingszwiebel putzen, waschen und in feine Streifen schneiden, das Carpaccio damit garnieren.

ANSTELLE von geräuchertem Thunfisch können Sie auch Graved-Lachs oder geräuchertes Forellenfilet verwenden.

Apfel-Zwiebel-Carpaccio
mit Limettensauce

schmeckt nur frisch • schnell

FÜR 4 PERSONEN

2 rote Äpfel (z. B. Sommerread)

2 rote Zwiebeln (etwa 150 g)

1 Limette

1 Msp. Meersalz

1/2 TL Honig

2 EL kaltgepreßtes Olivenöl

20 grüne Oliven (ohne Stein)

1 TL eingelegte rosa Pfefferkörner

30 g Parmesan am Stück

ZUBEREITUNGSZEIT: 20 MIN.

Pro Person etwa: 145 kcal

ÄPFEL waschen, abtrocknen, halbieren, vom Kerngehäuse befreien und in 2 mm dünne Scheiben schneiden. Kreisförmig auf vier großen Tellern auslegen. Zwiebeln schälen, in hauchdünne Scheiben schneiden und über die Apfelscheiben verteilen.

FÜR die Limettensauce die Limette heiß abspülen und abtrocknen, die Schale fein abreiben. Limette halbieren und eine Hälfte auspressen. Das Salz mit dem Honig in 1 EL Limettensaft unter Rühren auflösen. Dann das Olivenöl und die Limettenschale darunterschlagen. Die Sauce gleichmäßig über die Apfel- und Zwiebelscheiben träufeln.

OLIVEN in dünne Scheiben schneiden. Mit den abgetropften Pfefferkörnern über das Carpaccio verteilen. Zum Schluß den Parmesan in möglichst dünnen Scheiben darüber hobeln. Sofort servieren.

Gemüse-Carpaccio

schmeckt nur ganz frisch • vitaminreich

FÜR 4 PERSONEN

1/4 TL Meersalz · 1 EL Zitronensaft

2 EL Aceto Balsamico (Balsamessig)

2 EL kaltgepreßtes Olivenöl

1 EL kaltgepreßtes Sonnenblumenöl

frisch gemahlener Pfeffer

1 Möhre (etwa 150 g)

1 Zucchino (etwa 150 g)

150 g Salatgurke

1 Kohlrabi (etwa 150 g)

1/4 Bund Basilikum

1/4 Bund glatte Petersilie

40 g Parmesan am Stück

ZUBEREITUNGSZEIT: 35 MIN.

Pro Person etwa: 125 kcal

FÜR die Sauce das Salz unter Rühren im Zitronensaft und dem Aceto Balsamico auflösen. Beide Ölsorten unterschlagen, die Sauce mit Pfeffer abschmecken.

MÖHRE, Zucchino, Gurke und Kohlrabi waschen, putzen, eventuell schälen und in 3 mm dünne Scheiben schneiden. Die Gemüsescheiben kreisförmig auf vier große Teller verteilen.

BASILIKUM und Petersilie waschen, trockentupfen, die Blätter abzupfen und fein hacken. Die Sauce gleichmäßig über das Gemüse träufeln und mit den Kräutern bestreuen. Die Teller abdecken und das Carpaccio mindestens 20 Min. durchziehen lassen.

VOR dem Servieren den Parmesan gleichmäßig und in hauchdünnen Scheiben über das Gemüse-Carpaccio hobeln.

DIESES Gemüse-Carpaccio läßt sich auch mit Champignons, roten Beten und vielen anderen Gemüsen zubereiten.

Schalotten in Balsamico-Oliven-Sauce

würzig • für Partys

FÜR 4 PERSONEN

500 g Schalotten · 2 Knoblauchzehen

2 EL kaltgepreßtes Olivenöl · 50 ml Roséwein

75 ml Aceto Balsamico (Balsamessig)

1 TL Meersalz · frisch gemahlener Pfeffer

1 TL Honig · 100 g Cocktailtomaten

100 g schwarze Oliven

1/2 Bund Thymian

ZUBEREITUNGSZEIT: 30 MIN.

Pro Person etwa: 165 kcal

SCHALOTTEN und Knoblauchzehen schälen und in Öl 2 Min. hellbraun anschwitzen. Mit Wein und 50 ml Essig ablöschen. Schalotten mit Salz, Pfeffer und Honig würzen und zugedeckt je nach Größe in etwa 10 Min. bißfest dünsten. TOMATEN waschen, mit den Oliven dazugeben und nochmals aufkochen lassen. Thymian waschen, die Blättchen von den Stengeln streifen und untermischen, mit dem übrigen Essig abschmecken. Heiß oder kalt servieren.

Knoblauchcreme auf Bauernbrot

würzig • schnell

FÜR 4 PERSONEN

4 junge Knoblauchzehen

1/4 TL Meersalz

100 g Frischkäse (60 % Fett i. Tr.)

2 EL gehackte Petersilie

2–3 EL Milch · Pfeffer

4 Scheiben kräftiges Bauernbrot

ZUBEREITUNGSZEIT: 10 MIN.

Pro Person etwa: 160 kcal

KNOBLAUCHZEHEN schälen und mit dem Salz zu einer Paste fein zerstoßen. KNOBLAUCHPASTE mit Frischkäse, Petersilie und Milch cremig rühren und mit Salz und frisch gemahlenem Pfeffer kräftig abschmecken. BAUERNBROT nach Belieben toasten und mit der Knoblauchcreme bestreichen.

Mango-Kokosnuß-Curry

vegetarisch • exotisch

FÜR 4 PERSONEN

50 g geschälte Mandeln

2 EL helle Sojasauce

je 1 EL Honig und Zitronensaft

1 EL Currypulver · 1/2 TL Meersalz

2 TL frisch geriebener Ingwer

je 100 g Linsen- und

Kichererbsenkeimlinge (Seite 32)

100 g beliebige Getreidesprossen (Seite 32)

1 rote Paprikaschote · 100 g Blumenkohl

100 g Champignons · 1 Schalotte

1 Zucchino (etwa 150 g)

70 g frisches Kokosnußfleisch

1 reife Mango · 3 Stengel Petersilie

EINWEICHZEIT: 8 STD.
ZUBEREITUNGSZEIT: 30 MIN.

Pro Person etwa: 315 kcal

FÜR die Sauce die Mandeln mindestens 8 Std. in 200 ml Wasser einweichen. Anschließend abgießen und mit 1/4 l frischem Wasser pürieren. Sojasauce, Honig, Zitronensaft, Currypulver, Salz und Ingwer hinzufügen. Alles im Mixer zu einer cremigen Sauce aufschlagen.

LINSEN- und Kichererbsenkeimlinge in kochendem Wasser 1 Min. blanchieren, kalt abschrecken und abtropfen lassen. Getreidesprossen gründlich waschen, alle Keimlinge und Sprossen unter die Sauce mischen.

ALLE Gemüse putzen, Paprikaschote klein würfeln. Blumenkohl, Champignons und die Schalotte fein hacken. Den Zucchino ungeschält grob raspeln.

VOM Kokosnußfleisch ein Drittel mit dem Sparschäler in feine Streifen schälen, beiseite legen. Den Rest fein raspeln und mit dem Gemüse unter die Sauce mischen.

MANGOFRUCHTFLEISCH am Stein entlang abschneiden, schälen, fein würfeln und unter das Curry mischen. Petersilie waschen, trockentupfen und die Blättchen grob hacken. Mit den Mangowürfeln und den Kokosnußstreifen unter das Curry heben.

Rote Paprikasuppe mit Krautnocken

raffiniert • preiswert

FÜR 4 PERSONEN

1 EL Butter · 1 Ei

40 g Buchweizenmehl

Meersalz · frisch gemahlener Pfeffer

1 1/4 TL Paprikapulver, edelsüß

100 g selbstgemachtes Sauerkraut (Seite 38)

1 kleine Zwiebel · 1 Knoblauchzehe

1 EL kaltgepreßtes Olivenöl

2 rote Paprikaschoten

3/4 l Gemüsebrühe

2 EL Apfelessig · 100 g saure Sahne

2 EL Petersilienblättchen

ZUBEREITUNGSZEIT: 45 MIN.

Pro Person etwa: 320 kcal

FÜR die Nocken die Butter und das Ei schaumig schlagen. Buchweizenmehl, 1/4 TL Salz, etwas Pfeffer und 1/4 TL Paprikapulver unterrühren. Das Sauerkraut sehr fein hacken. Zwiebel und Knoblauch schälen, fein würfeln.

OLIVENÖL erhitzen, die Zwiebel-Knoblauch-Mischung darin glasig anschwitzen. 1 EL dieser Mischung und das Sauerkraut unter die Buchweizenmasse rühren.

FÜR die Suppe die Paprikaschoten waschen, putzen und das Fruchtfleisch grob würfeln. Paprikaschoten, 1 TL Paprikapulver, 1/2 TL Salz und etwas Pfeffer zur übrigen Zwiebelmischung geben, 2 Min. anschwitzen. Mit 1/2 l Gemüsebrühe auffüllen und alles zugedeckt bei mittlerer Hitze 5 Min. köcheln.

RESTLICHE Gemüsebrühe aufkochen. Von der Sauerkrautmasse mit 2 Teelöffeln 12 Klößchen abstechen und in der Gemüsebrühe am Siedepunkt 5 Min. ziehen lassen.

VON der Paprikasuppe ein Drittel herausnehmen, pürieren und wieder hinzufügen. Den Essig einrühren, abschmecken. Saure Sahne unterrühren, die Suppe in Teller füllen. Die Krautnocken aus der Brühe heben, in die Suppe geben und mit Petersilie bestreuen.

Überbackene Kartoffel-Knoblauch-Suppe

gelingt leicht • preiswert

FÜR 4 PERSONEN

400 g mehlig kochende Kartoffeln

100 g Zwiebeln · 1–2 Knoblauchzehen

1 Möhre (etwa 100 g)

100 g Buschbohnen

1/4 l Gemüsebrühe

1 Lorbeerblatt

1 TL Meersalz

frisch gemahlener Pfeffer

je 1/2 TL getrockneter Majoran und Thymian

1 EL kaltgepreßtes Olivenöl

1/2 l Milch

1 EL Apfelessig · 1 Ei

80 g Emmentaler am Stück

1/2 TL Paprikapulver, edelsüß

ZUBEREITUNGSZEIT: 40 MIN.

Pro Person etwa: 420 kcal

KARTOFFELN, Zwiebeln und Knoblauch schälen. Die Möhre kräftig abbürsten, Möhre und Bohnen putzen.

KARTOFFELN und Möhre in walnußgroße Stücke schneiden, in der Gemüsebrühe mit Lorbeerblatt, Salz und etwas Pfeffer zugedeckt in 20 Min. garen. Die Bohnen in 2 cm lange Stücke schneiden und nach 10 Min. Kochzeit zu den Kartoffeln geben.

INZWISCHEN Zwiebeln und Knoblauch fein hacken. Zusammen mit Majoran und Thymian im heißen Öl 2 Min. hellbraun anschwitzen. Die Mischung unter die Kartoffelsuppe rühren.

MILCH angießen, alles aufkochen. Den Essig unterrühren und die Suppe abschmecken. Das Ei trennen. Den Käse fein reiben, mit Eigelb und Paprikapulver vermischen.

EIWEISS mit einer Prise Salz zu sehr steifem Schnee schlagen, unter die Eigelbmasse heben.

SUPPE in feuerfeste Suppentassen füllen, mit der Käsemasse überziehen und im vorgeheizten Backofen bei 200° (Umluft 180°) etwa 10 Min. hellbraun überbacken.

Rote-Bete-Suppe mit Sonnenblumenkernen

für Gäste • gelingt leicht

FÜR 4 PERSONEN

300 g rote Beten

1 Zwiebel

1 EL Butter

1/2 TL Meersalz

1 Msp. gemahlene Gewürznelke

1 Msp. gemahlene Wacholderbeere

1 kleines Lorbeerblatt

2 EL Naturreismehl

3/4 l Gemüsebrühe

2 EL Sonnenblumenkerne

1/2 Bund glatte Petersilie

1–2 EL Apfelessig

100 g saure Sahne

ZUBEREITUNGSZEIT: 30 MIN.

Pro Person etwa: 160 kcal

ROTE BETEN mit der Gemüsebürste abbürsten, gründlich waschen, eventuell schälen und grob würfeln.

ZWIEBEL schälen, fein hacken und in der Butter andünsten. Rote Beten, Salz, gemahlene Nelke und Wacholderbeere, Lorbeerblatt und das Reismehl einstreuen und unter Rühren kurz mit anschwitzen.

GEMÜSEBRÜHE angießen und die Suppe unter ständigem Rühren zum Kochen bringen. Zugedeckt 15–20 Min. köcheln lassen, bis das Gemüse weich ist, dabei ab und zu umrühren.

INZWISCHEN die Sonnenblumenkerne in einer Pfanne ohne Fett kurz anrösten. Die Petersilie waschen, trockentupfen und fein hacken. Das Lorbeerblatt aus der Suppe entfernen.

SUPPE im Mixer so lange aufschlagen, bis sie eine sämige Konsistenz hat. Rote-Bete-Suppe mit Essig abschmecken und in vorgewärmte tiefe Teller füllen.

SAURE Sahne, geröstete Sonnenblumenkerne und die Petersilie obenauf verteilen.

Spanische Zwiebelsuppe

etwas aufwendiger • raffiniert

FÜR 4 PERSONEN

4 Gemüsezwiebeln zu je 250 g

2 Knoblauchzehen · Meersalz

1 rote Paprikaschote

1 EL kaltgepreßtes Olivenöl

2 EL gehackter Thymian

1 EL Tomatenmark

2 TL Paprikapulver, edelsüß

1 Msp. Cayennepfeffer

frisch gemahlener Pfeffer

600 ml Gemüsebrühe

4 gehackte schwarze Oliven

30 g Ziegenfrischkäse

1/4 trockenes Vollkornbrötchen

2 EL gehackte Petersilie

ZUBEREITUNGSZEIT: 1 STD.

Pro Person etwa: 135 kcal

VON den Zwiebeln die äußeren Schalen entfernen. Zwiebeln auf eine feuerfeste Platte setzen und im vorgeheizten Ofen bei 200° (Umluft 180°) 45 Min. backen, dann abkühlen lassen.

ANSCHLIESSEND von jeder Zwiebel einen Deckel abschneiden und das Fruchtfleisch bis auf einen 1/2 cm dicken Rand aushöhlen. Das Zwiebelfleisch fein hacken. Die Knoblauchzehen schälen und mit etwas Salz zu einer Paste zerdrücken. Paprikaschote waschen, putzen und klein würfeln.

OLIVENÖL erhitzen, gehacktes Zwiebelfleisch und die Knoblauchpaste darin hellbraun anschwitzen. Thymian, Tomatenmark, Paprikapulver, Cayennepfeffer, 1/2 TL Salz und etwas Pfeffer dazugeben und 2 Min. mit anschwitzen.

PAPRIKAWÜRFEL einstreuen, die Gemüsebrühe angießen und alles 5 Min. köcheln lassen.

GEHACKTE Oliven einstreuen und die Suppe abschmecken. Den Ziegenkäse zerbröseln, das Vollkornbrötchen grob reiben.

DIE ausgehöhlten Zwiebeln nochmals erwärmen, dann mit der heißen Suppe füllen. Mit dem Käse, den Brötchenbröseln und der Petersilie bestreuen.

Möhrensuppe mit Kokosraspel

macht wenig Arbeit • raffiniert

FÜR 4 PERSONEN

3 Möhren (etwa 300 g)

1 kleine Zwiebel

1 EL Sesamöl

1 TL Currypulver

40 g Cashewkerne

600 ml Gemüsebrühe

1/2 TL Meersalz

frisch gemahlener Pfeffer

1 Stück frischer Ingwer (etwa 20 g)

1 Frühlingszwiebel

2 EL Kokosraspel

50 ml Milch

ZUBEREITUNGSZEIT: 25 MIN.

Pro Person etwa: 220 kcal

MÖHREN putzen, waschen und grob würfeln. Die Zwiebel schälen und fein hacken.

SESAMÖL in einem Topf erhitzen, Möhren und Zwiebelwürfel darin glasig werden lassen. Currypulver und Cashewkerne dazugeben und unter Rühren 1 Min. mitbraten. Mit Gemüsebrühe ablöschen, salzen und pfeffern. Die Suppe zum Kochen bringen und zugedeckt bei schwacher Hitze 10 Min. köcheln lassen, bis die Möhren sehr weich sind.

INZWISCHEN den Ingwer schälen und fein reiben. Die Frühlingszwiebel putzen, waschen und in feine Ringe schneiden.

MÖHRENSUPPE fein pürieren oder im Mixer so lange aufschlagen, bis sie eine sämige Konsistenz hat. Zum Schluß den Ingwer, die Kokosraspel und die Milch hinzufügen und kurz mitmixen.

SUPPE in vorgewärmte Teller füllen und mit den Frühlingszwiebelringen garnieren.

Bärlauchsuppe

gelingt leicht • preiswert

FÜR 4 PERSONEN

1 kleine Zwiebel · 1 Knoblauchzehe

1 EL Butter · 2 EL Vollkornreismehl

600 ml Milch

1 Scheibe Vollkorntoast

100 g Bärlauch

Kräutersalz · frisch gemahlener Pfeffer

ZUBEREITUNGSZEIT: 20 MIN.

Pro Person etwa: 150 kcal

ZWIEBEL und Knoblauch schälen, fein hacken und in der heißen Butter leicht andünsten. Reismehl einstreuen und 2 Min. anschwitzen. Mit Milch ablöschen, unter Rühren aufkochen und das Ganze bei schwacher Hitze 5 Min. sanft köcheln lassen.

TOASTBROT klein würfeln und ohne Fett goldgelb rösten. Bärlauch waschen und mit der heißen Suppe im Mixer pürieren, bis die Konsistenz sämig ist. Die Suppe mit Salz und Pfeffer würzen und mit Brotwürfeln bestreuen.

Kalte Tomatensuppe mit Mandeln

kalorienarm • schnell

FÜR 4 PERSONEN

2 Knoblauchzehen · Kräutersalz

2 EL Zitronensaft · 2 EL kaltgepreßtes Olivenöl

1/2 Bund Zitronenthymian

1/2 Bund Basilikum

600 g sehr reife Tomaten (gut gekühlt)

frisch gemahlener Pfeffer · 2 EL Mascarpone

12 angekeimte Mandeln (Seite 32)

ZUBEREITUNGSZEIT: 20 MIN.

Pro Person etwa: 110 kcal

KNOBLAUCH schälen, mit etwas Salz zur Paste zerdrücken, mit Zitronensaft und Öl verrühren. Kräuter waschen, die Blätter sehr fein hacken.

TOMATEN waschen, halbieren und die Stielansätze entfernen. Das Fruchtfleisch im Mixer aufschlagen, mit 1/2 TL Salz und etwas Pfeffer würzen. Knoblauch-Öl-Mischung und die Kräuter unter das Tomatenmus rühren.

SUPPE abschmecken, mit Mascarponestückchen und den abgespülten Mandeln garnieren.

Joghurtkaltschale mit Melone

erfrischend • für Gäste

FÜR 4 PERSONEN

1 Orange

8 getrocknete, ungeschwefelte Aprikosen

1 reife Charentaismelone (etwa 500 g)

400 g selbstgemachter Joghurt, gut gekühlt (Seite 39)

1/4 Bund Zitronenmelisse

2 EL Cashewkerne

1 kleiner Granatapfel

ZUBEREITUNGSZEIT: 20 MIN.
KÜHLZEIT: 1 STD.

Pro Person etwa: 210 kcal

ORANGE auspressen. Die Aprikosen waschen, fein hacken, mit Orangensaft begießen und darin zugedeckt 15 Min. einweichen.

INZWISCHEN die Melone halbieren und entkernen. Aus dem Fruchtfleisch mit einem Kugelausstecher etwa 20 Kugeln ausstechen oder in 20 kleine Würfel schneiden. Das restliche Fruchtfleisch von der Schale lösen und im Mixer pürieren. Den gut gekühlten Joghurt und die Aprikosen unter das Melonenpüree rühren und zugedeckt 1 Std. kalt stellen.

WÄHRENDDESSEN die Zitronenmelisse waschen, trockentupfen und die Blättchen fein hacken. Die Cashewkerne grob hacken und in einer Pfanne ohne Fett unter Rühren leicht anbräunen. Den Granatapfel vierteln, die Viertel an ihren beiden Spitzen anfassen und nach außen biegen, bis sich die Kerne lösen.

JOGHURTKALTSCHALE in Suppenschalen oder tiefe Teller füllen. Mit den Melonenkugeln oder -würfeln, der Zitronenmelisse, den Granatapfelkernen und den Cashewkernen bestreuen.

ANSTELLE der Granatapfelkerne können Sie auch frische kleine Himbeeren oder rote Johannisbeeren verwenden.

VEGETARISCHES*

*

KÖSTLICHE Schlemmereien verführen auch denjenigen, der sonst nicht viel mit Gerichten ohne Fleisch und Fisch anfangen kann.

DIE gut sättigenden Hauptmahlzeiten, die mit viel Gemüse, Kartoffeln, Getreide und Hülsenfrüchten zubereitet und mit allerlei Gewürzen verfeinert werden, sind besondere kulinarische Genüsse. Sie liefern reichlich Vitamine, Mineralstoffe und Ballaststoffe. Eine schonende Zubereitung garantiert, daß auch die Bioaktiven Substanzen erhalten bleiben.

LASSEN Sie sich inspirieren von den brillanten Fotos, kochen Sie die einfachen bis anspruchsvollen Rezepte nach - und Ihre Familie wie Ihre Gäste werden begeistert sein. Zum Beispiel von Linsenfladen mit Joghurt-Minze-Sauce (Seite 114), Knollensellerie orientalisch (Seite 117), Artischockenherzen auf Safransauce (Seite 118) oder Broccoliquiche (Seite 126).

Mangold mit Zwiebelkartoffeln

gelingt leicht • würzig

FÜR 4 PERSONEN

650 g Kartoffeln

3 Zwiebeln · 2 Knoblauchzehen

je 1/2 TL getrockneter Rosmarin und Thymian

Kräutersalz · frisch gemahlener Pfeffer

2 EL kaltgepreßtes Olivenöl

50 g schwarze Oliven

400 g Mangold

1 kleine Möhre

1 Stück Knollensellerie (50 g)

50 ml Gemüsebrühe

2 Tomaten

1/2 TL getrockneter Oregano

150 g saure Sahne

ZUBEREITUNGSZEIT: 50 MIN.

Pro Person etwa: 290 kcal

FÜR die Zwiebelkartoffeln die Kartoffeln waschen und achteln. 2 Zwiebeln und den Knoblauch schälen, Zwiebeln achteln, Knoblauch vierteln. Rosmarin, Thymian, 1/2 TL Salz und etwas Pfeffer vermischen. Das Gemüse damit würzen, mit 1 EL Öl beträufeln und in eine feuerfeste Form geben. Die schwarzen Oliven zufügen und alles bei 220° (Umluft 200°) im Ofen 30 Min. backen.

INZWISCHEN den Mangold waschen und putzen. Die Stiele abschneiden und grob würfeln, die Blätter in feine Streifen schneiden. Möhre, Knollensellerie und die übrige Zwiebel putzen und in 1 x 1 cm kleine Würfel schneiden. Das restliche Olivenöl erhitzen, die Gemüsewürfel und die Mangoldstiele darin anschwitzen. Die Brühe angießen und das Gemüse darin in 5–7 Min. bißfest dünsten.

TOMATEN waschen, vom Stielansatz befreien, grob würfeln und mit dem Oregano vermischen. Mangoldblätter und Tomatenwürfel zur Gemüsemischung geben und 3 Min. mitdünsten.

MANGOLDGEMÜSE mit Salz würzen, die saure Sahne unterziehen, dann aber nicht mehr kochen lassen. Die Zwiebelkartoffeln mit dem Mangold servieren.

Gemüse-Pilz-Medaillons

exotisch • raffiniert

FÜR 4 PERSONEN

1 Rezept rote Paprikasauce (Seite 42)

200 g Tofu

2 EL helle Sojasauce

1 TL Currypulver

1/2 TL Kräutersalz

frisch gemahlener Pfeffer

1 Zwiebel · 1 Knoblauchzehe

100 g frische Pfifferlinge

1 TL Sesamöl

1 Möhre (etwa 150 g)

150 g Knollensellerie

50 g geschälte Mandeln

1 Ei · 2 EL gehackte Petersilie

eventuell etwas Hafer- oder Reisflocken

1 EL Butterschmalz oder Kokosfett

ZUBEREITUNGSZEIT: 45 MIN.
(+ 20 MIN. FÜR DIE PAPRIKASAUCE)

Pro Person etwa: 335 kcal

PAPRIKASAUCE zubereiten und inzwischen beiseite stellen.

TOFU im Blitzhacker fein hacken, mit Sojasauce, Currypulver, Salz und Pfeffer würzen.

ZWIEBEL und den Knoblauch schälen, fein hacken. Die Pfifferlinge putzen, große Pilze etwas kleiner schneiden. Pfifferlinge zusammen mit der Zwiebel-Knoblauch-Mischung im heißen Sesamöl 3 Min. unter Rühren anschwitzen, dann abkühlen lassen.

MÖHRE und Knollensellerie putzen, waschen und fein reiben. Die Mandeln im Blitzhacker grob hacken.

TOFU, die Zwiebel-Pilz-Mischung, die Möhre, den Sellerie, die Mandeln, das Ei und die Petersilie zu einem Teig vermischen. Die Masse kräftig abschmecken. Je nach Konsistenz mit Getreideflocken binden.

AUS dem Gemüse-Pilz-Teig 8 gleich große Medaillons formen und auf ein gefettetes Backblech setzen. Die Medaillons im Ofen bei 200° (Umluft 180°) auf der mittleren Schiene in 20–25 Min. hellbraun backen. Dazu die warme Paprikasauce (Seite 42) servieren.

Gemüseragout mit Sojabohnensprossen

schmeckt auch kalt • vitaminreich

FÜR 4 PERSONEN

200 g Sojabohnensprossen (Seite 32)

1 Zwiebel · 2 Knoblauchzehen

1 kleiner Zucchino (etwa 150 g)

1 kleine Aubergine (etwa 150 g)

1 rote Paprikaschote

2 Tomaten

2 EL kaltgepreßtes Olivenöl

2 EL Tomatenmark

100 ml Gemüsebrühe

Kräutersalz

frisch gemahlener Pfeffer

1 TL frisch gehackter Oregano

3 EL frisch gehacktes Basilikum

150 g selbstgemachter Joghurt (Seite 39)

ZUBEREITUNGSZEIT: 30 MIN.

Pro Person etwa: 160 kcal

SOJABOHNENSPROSSEN gut abspülen und abtropfen lassen. Die Zwiebel und 1 Knoblauchzehe schälen, fein hacken. Zucchino und Aubergine waschen, putzen und in 2 x 2 cm große Würfel schneiden. Paprikaschote waschen, halbieren und vom Kerngehäuse befreien. Tomaten waschen, Stielansatz entfernen, beides in 2 x 2 cm große Würfel schneiden.

VOM Olivenöl 1 EL erhitzen, darin die Zwiebel-Knoblauch-Mischung und die Auberginenwürfel goldgelb anbraten. Anschließend die Paprikawürfel und das Tomatenmark dazugeben und 2 Min. mit anschwitzen. Sojabohnensprossen und die Zucchiniwürfel dazugeben. Die Gemüsebrühe angießen und das Gemüse in 10 Min. bißfest dünsten. Das Ragout mit Salz und Pfeffer würzen. Die Tomatenwürfel mit den Kräutern vermengen, unter das Gemüse mischen und nochmals aufkochen.

ÜBRIGE Knoblauchzehe schälen, mit etwas Salz zu einer Paste zerdrücken und mit Joghurt und 1 EL Olivenöl kräftig verrühren. Mit Pfeffer abschmecken. Den Knoblauchjoghurt über das Gemüseragout gießen.

ZUM Gemüseragout mit Sojabohnensprossen paßt sehr gut Basmatireis.

Gefüllte Möhrenröllchen auf Kerbelsauce

etwas aufwendiger • raffiniert

FÜR 4 PERSONEN

125 g Tofu

1 EL helle Sojasauce

1/2 TL Currypulver

1/2 TL Meersalz

frisch gemahlener Pfeffer

2 große Möhren

1 Schalotte · 1 Knoblauchzehe

1 EL Sesamöl

100 g Kichererbsenkeimlinge (Seite 32)

2 EL Cashewkerne · 1 Ei

etwas Butter für die Form

50 ml Gemüsebrühe

150 g selbstgemachter Joghurt (Seite 39)

1 EL Zitronensaft

3 EL gehackter Kerbel

ZUBEREITUNGSZEIT: 35 MIN.

Pro Person etwa: 200 kcal

TOFU im Blitzhacker ganz fein hacken, mit Sojasauce, Currypulver, Salz und Pfeffer würzen.

MÖHREN putzen, waschen und auf der Aufschnittmaschine in etwa 3 mm dünne, 4 cm breite und etwa 15 cm lange Streifen schneiden. Möhrenstreifen kurz blanchieren, kalt abschrecken, gut trockentupfen und mit Salz und Pfeffer würzen.

MÖHRENABSCHNITTE klein würfeln. Schalotte und Knoblauch schälen, fein hacken. Das Sesamöl erhitzen, Möhrenwürfel, Schalotte, Knoblauch und die abgespülten Kichererbsenkeimlinge darin 3 Min. andünsten.

CASHEWKERNE im Blitzhacker grob hacken. Das Ei, das gedünstete Gemüse und die Nußkerne unter die Tofumasse mischen. Die Füllung abschmecken und auf die Möhrenstreifen verteilen. Die Streifen aufrollen, mit dem Ende nach unten in eine gefettete, feuerfeste Form setzen. Die Gemüsebrühe angießen. Die Form abdecken und die Röllchen im vorgeheizten Ofen bei 180° (Umluft 160°) 15–20 Minuten dünsten.

INZWISCHEN für die Sauce Joghurt und Zitronensaft glattrühren. Den Kerbel unterziehen, die Sauce salzen und pfeffern. Die Möhrenröllchen auf der Kerbelsauce anrichten.

DAZU passen Spinat-Nudeln besonders gut.

Gefüllte Zucchiniblüten

raffiniert • exklusiv

FÜR 4 PERSONEN

1 Rezept Tomatensauce (Seite 40)

1 Zwiebel

1 Knoblauchzehe

1 EL kaltgepreßtes Olivenöl

1 Zucchino (etwa 150 g)

40 g geschälte Mandeln

40 g Parmesan am Stück

4 EL Quark (20 % Fett)

1 EL gehackter Oregano

2 EL gehackte Petersilie

1/2 TL Meersalz

frisch gemahlener Pfeffer

evtl. 1–2 EL Hirseflocken

8 kleine Zucchiniblüten

1 TL Butter für die Form

50–100 ml Gemüsebrühe

ZUBEREITUNGSZEIT: 40 MIN.
(+ 25 MIN. FÜR DIE TOMATENSAUCE)

Pro Person etwa: 260 kcal

TOMATENSAUCE zubereiten und inzwischen beiseite stellen.

FÜR die Füllung Zwiebel und Knoblauch schälen, fein hacken und im Öl goldgelb anbraten. Zucchino waschen, grob raspeln, dazugeben und so lange mitbraten, bis alle Flüssigkeit verdampft ist. Das Gemüse abkühlen lassen.

MANDELN mit dem Parmesan im Blitzhacker fein hacken. Mit dem Quark, dem Zucchinigemüse und den Kräutern vermischen, mit Salz und Pfeffer abschmecken. Eventuell mit etwas Hirseflocken binden.

ZUCCHINIBLÜTEN behutsam waschen, Blütenstempel entfernen. Füllung in einen Spritzbeutel füllen und in die Blütenkelche spritzen. Die Blütenblätter mit einer leichten Drehung verschließen, die Stiele der Blüten fächerförmig einschneiden und flachdrücken.

EINE Auflaufform fetten, die gefüllten Blüten nebeneinander hineinlegen und die Brühe angießen. Die Form abdecken und die gefüllten Blüten im Ofen bei 180° (Umluft 160°) je nach Größe 10–15 Min. garen. Dazu die warme Tomatensauce servieren.

Polenta mit Gemüse-Käse-Kruste

gelingt leicht • würzig

FÜR 4 PERSONEN

je 1/4 TL getrockneter Thymian und Oregano

2 EL kaltgepreßtes Olivenöl

1/2 l Gemüsebrühe

160 g Polenta (Maisgrieß)

1 TL Butter für die Form

1 Zwiebel · 2 Knoblauchzehen

1 rote Paprikaschote

1/2 TL Paprikapulver, edelsüß

je 2 Msp. Kreuzkümmel und Cayennepfeffer

Meersalz · frisch gemahlener Pfeffer

80 g Bergkäse (45 % Fett i. Tr.)

abgeriebene Schale von 1 unbehandelten Zitrone

je 2 EL gehackte Petersilie und Oregano

200 g Zucchini

1–2 EL Zitronensaft

ZUBEREITUNGSZEIT: 1 STD.

Pro Person etwa: 400 kcal

THYMIAN und Oregano in 1 EL Öl anschwitzen und mit Gemüsebrühe ablöschen. Polenta einrühren und unter ständigem Rühren 3 Min. kochen lassen. Den Topf abdecken, die Polenta auf der ausgeschalteten Herdplatte 10 Min. nachquellen lassen.

EINE Gratinform mit Butter auspinseln. Den Polentabrei 1 1/2 cm dick hineinstreichen und abkühlen lassen.

ZWIEBEL und Knoblauch schälen und fein hacken. Die Paprikaschote waschen, halbieren, vom Kerngehäuse befreien und klein würfeln. Übriges Olivenöl erhitzen, Zwiebel, Knoblauch, Paprikaschote und die Gewürze unter Rühren darin 2 Min. andünsten.

BERGKÄSE grob raspeln, mit der Zitronenschale und den Kräutern unter das Gemüse ziehen. Zucchini waschen, in 3 mm dünne Streifen schneiden, mit Zitronensaft und Salz würzen und auf die Polenta schichten.

PAPRIKAGEMÜSE über die Zucchini verteilen. Das Gericht in der Mitte des vorgeheizten Ofens bei 200° (Umluft 180°) 20–25 Min. backen und sofort servieren.

Sesamkartoffeln mit Sprossenquark

für Ungeübte • preiswert

FÜR 4 PERSONEN

800 g gleich große Kartoffeln

1 EL Sesamsaat · Meersalz

1 EL Sesamöl

1 Knoblauchzehe

250 g Magerquark

100 g saure Sahne

frisch gemahlener Pfeffer

2 EL Sonnenblumenkeimlinge (Seite 32)

2 EL Getreidesprossen (Seite 32)

1 Frühlingszwiebel

1/2 Salatgurke

1 Bund gemischte Kräuter

ZUBEREITUNGSZEIT: 45 MIN.

Pro Person etwa: 300 kcal

BACKOFEN auf 220° (Umluft 200°) vorheizen. Die Kartoffeln gründlich waschen und abtrocknen. Die ungeschälten Kartoffeln im Abstand von 2–3 mm einschneiden, jedoch nicht ganz durchschneiden und nebeneinander in eine feuerfeste Form oder auf ein Backblech setzen.

SESAMSAAT und 1 TL Salz vermischen, die Kartoffeln etwas auseinanderdrücken und das Sesamsalz in die Einschnitte verteilen. Kartoffeln mit Öl beträufeln und in der Mitte des Ofens 20–30 Min. backen.

FÜR den Quark die Knoblauchzehe schälen und mit etwas Salz zu einer feinen Paste zerdrücken. Quark, saure Sahne und die Knoblauchpaste verrühren, mit Salz und Pfeffer abschmecken.

KEIMLINGE und Sprossen in einem Sieb unter kaltem Wasser gründlich abspülen und gut abtropfen lassen. Die Frühlingszwiebel putzen, waschen und in feine Ringe schneiden. Die Gurke waschen, eventuell schälen und klein würfeln. Die Kräuter waschen, trockentupfen und sehr fein hacken.

KEIMLINGE, Sprossen, Frühlingszwiebel, Gurke und Kräuter unter den Quark mischen, abschmecken und zu den Kartoffeln reichen.

Kartoffel-Apfel-Gratin

macht wenig Arbeit • vollwertig

FÜR 4 PERSONEN

800 g große Kartoffeln

1 TL Meersalz

frisch gemahlener Pfeffer

frisch geriebene Muskatnuß

1 EL Butter für die Form

1/4 l Milch

1 großer Apfel (etwa 200 g)

40 g gehackte Mandeln

ZUBEREITUNGSZEIT: 45 MIN.

Pro Person etwa: 320 kcal

DEN Backofen auf 220° (Umluft 200°) vorheizen. Die Kartoffeln gründlich waschen, eventuell schälen und in 2 mm dünne Scheiben schneiden. In eine Schüssel geben und mit Salz, Pfeffer und Muskatnuß würzen.

EINE Gratinform mit Butter ausfetten, die Kartoffelscheiben in die Form schichten. Die Milch vom Rand her angießen. Kartoffeln in der Mitte des Ofens zunächst 15 Min. backen.

INZWISCHEN den Apfel waschen, halbieren, vom Kerngehäuse befreien und in 16 Spalten schneiden. Apfelspalten und gehackte Mandeln auf die Kartoffeln verteilen, zusammen in weiteren 15 Min. fertigbacken.

DAS Kartoffel-Apfel-Gratin paßt als Beilage sehr gut zu Entenbrust mit Orangensauce (Seite 148).

ANSTELLE von Äpfeln können Sie auch Birnen verwenden. Oder Sie tauschen das Obst gegen Gemüse aus. Dabei schmecken die Kartoffeln mit Kombinationen wie Zucchini und Zwiebeln, rote Paprikaschoten und schwarzen Oliven, Auberginen und Tomaten oder Mangold und Knoblauch besonders gut. Statt Milch sollten Sie dann aber besser Gemüsebrühe verwenden.

Linsenfladen mit Joghurt-Minze-Sauce

gelingt leicht • raffiniert

FÜR 4 PERSONEN

150 g rote Linsen

Meersalz

1/4 TL Kurkuma

1 Msp. gemahlener Kardamom

2 EL Kürbiskerne

1/2 Bund Pfefferminze

150 g selbstgemachter Joghurt (Seite 39)

1 TL Zitronensaft

1 TL Honig

1 Ei

2 EL Sesamöl

QUELLZEIT: 30 MIN.
ZUBEREITUNGSZEIT: 20 MIN.

Pro Person etwa: 240 kcal

LINSEN auf der feinsten Stufe der Getreidemühle mahlen. Das Linsenmehl mit 1/2 TL Salz, Kurkuma, Kardamom und 300 ml Wasser zu einem glatten Teig verrühren und zugedeckt 30 Min. quellen lassen.

INZWISCHEN die Kürbiskerne grob hacken. Für die Joghurt-Minze-Sauce die Pfefferminze waschen, trockentupfen, die Blätter von den Stengeln streifen und fein hacken. Den Joghurt glattrühren, Zitronensaft, Honig, 1 Prise Salz und die Minze unterheben. Die Sauce abschmecken.

EI und die Kürbiskerne unter den Linsenteig schlagen. Aus dem Teig im geölten, heißen Waffeleisen nacheinander 4 Fladen backen. Oder den Backofen auf 180° (Umluft 160°) vorheizen, ein Backblech mit Backpapier belegen, 8 kleine Fladen auf das Papier streichen und 15–20 Min. backen.

DIE warmen Linsenfladen sofort mit der Joghurt-Minze-Sauce servieren.

Quinoa-Risotto

reich an Mineralstoffen • vollwertig

FÜR 4 PERSONEN

1 Zwiebel

1 Knoblauchzehe

1 kleiner Kohlrabi

1 Möhre

1 Zucchino

1 Frühlingszwiebel

1 EL Sesamöl

1/4 TL Kurkuma

140 g Quinoa (aus Reformhaus

oder Naturkostladen)

1 TL Meersalz

frisch gemahlener Pfeffer

300 ml Gemüsebrühe

40 g Sesamsprossen (Seite 32)

ZUBEREITUNGSZEIT: 35 MIN.

Pro Person etwa: 285 kcal

ZWIEBEL und den Knoblauch schälen, beides fein hacken. Vom Kohlrabi alle Blätter entfernen, die kleinen Blättchen waschen, trockentupfen, fein hacken und beiseite stellen. Möhre, Zucchino und Frühlingszwiebel waschen, putzen und in dünne Scheiben schneiden.

SESAMÖL in einem breiten Topf erhitzen. Zwiebel, Knoblauch, das Gemüse und den Kurkuma darin 2 Min. anschwitzen.

QUINOA unter fließendem Wasser abspülen und unter das Gemüse heben, mit Salz und Pfeffer würzen. Die Brühe angießen, das Ganze zum Kochen bringen und zugedeckt bei schwacher Hitze 20 Min. garen lassen.

SESAMSPROSSEN unter fließend kaltem Wasser abspülen und gut abtropfen lassen. Den Risotto mit einer Gabel auflockern, falls er zu fest ist, eventuell noch etwas heiße Gemüsebrühe angießen. Risotto mit gehackten Kohlrabiblättchen und Sesamsprossen bestreuen.

DAZU schmeckt vorzüglich die Aprikosen-Curry-Sauce (Seite 78).

Knollensellerie orientalisch

etwas aufwendiger • würzig

FÜR 4 PERSONEN

1 Sellerieknolle mit Grün (etwa 300 g)

1 kleine Möhre

1/2 TL Currypulver · 1/4 TL Kurkuma

1 großes Lorbeerblatt

1/2 Stange Zimt

1 Knoblauchzehe

300 ml Gemüsebrühe

unbehandelte, abgeriebene Schale

von einer 1/2 Zitrone

Saft von 1 Orange

200 g Kichererbsenkeimlinge (Seite 32)

300 g gegarter Basmatireis

1 TL Meersalz

frisch gemahlener Pfeffer

1 EL kaltgepreßtes Olivenöl

4 EL Crème fraîche

2 EL Rosinen · 1 EL Pinienkerne

ZUBEREITUNGSZEIT: 40 MIN.

Pro Person etwa: 270 kcal

SELLERIEKNOLLE putzen, waschen, das Grün abschneiden und beiseite legen. Sellerie zunächst in 1/2 cm dicke Scheiben schneiden, dann mit einem Ausstecher von 6 cm Ø 8 bis 12 Kreise ausstechen. Möhre putzen, waschen und mit den Sellerieabschnitten klein würfeln.

GEWÜRZE in ein Mull- oder Leinensäckchen füllen, zubinden und in der Gemüsebrühe 5 Min. kochen lassen. Die Selleriescheiben im Sud in 5–7 Min. zugedeckt bißfest garen, herausheben und warm halten.

ZITRONENSCHALE und Orangensaft in den Sud geben, bei starker Hitze zur Hälfte einkochen lassen. Den Gewürzbeutel entfernen.

VOM Gewürzsud 100 ml abmessen, darin Möhren-, Selleriewürfel und Kichererbsenkeimlinge zugedeckt in 5–7 Min. bißfest garen. Den Reis untermischen, alles erhitzen und mit Salz und Pfeffer abschmecken.

OLIVENÖL, Crème fraîche und Rosinen unter den restlichen Sud rühren, die Sauce salzen und pfeffern. Selleriescheiben in der Sauce heiß werden lassen.

PINIENKERNE ohne Fett anrösten. Etwas Selleriegrün kleinhacken und mit den Pinienkernen über den Sellerie streuen. Sofort mit dem Gemüsereis servieren.

Artischockenherzen auf Safransauce

für Gäste • exklusiv

FÜR 4 PERSONEN

8 kleine junge Artischocken

Saft von 1/2 Zitrone · Meersalz

100 g Champignons

1 rote Paprikaschote

50 g geschälte Mandeln

40 g Schafkäse (Feta)

1 Scheibe Vollkorntoast

2 Schalotten

2 Knoblauchzehen

2 EL kaltgepreßtes Olivenöl

3 EL gehackte Petersilie

frisch gemahlener Pfeffer

2 Msp. Safran

1 TL Naturreismehl

150 ml Gemüsebrühe · 50 g Sahne

ZUBEREITUNGSZEIT: 50 MIN.

Pro Person etwa: 350 kcal

STIELE der Artischocken auf 5 cm kürzen. Äußere Artischockenblätter großzügig entfernen. Das obere Drittel der harten Blattspitzen abschneiden. Artischocken längs halbieren und das »Heu« auf den Böden entfernen. Böden und Blätter sofort mit etwas Zitronensaft bepinseln. Artischocken in kochendem Salzwasser mit übrigem Zitronensaft 5 Min. blanchieren, dann abtropfen lassen.

BACKOFEN auf 180° (Umluft 160°) vorheizen. Für die Füllung Pilze putzen und kleinhacken. Paprikaschote putzen, klein würfeln. Mandeln, Käse und Toastbrot im Blitzhacker fein hacken. Schalotten und Knoblauch schälen, fein hacken und in 1 EL Olivenöl glasig dünsten. Die Hälfte davon mit Pilzen, Paprikaschote, Petersilie, Mandeln, Käse, Brot, Salz und Pfeffer vermischen. Die Artischocken damit füllen, salzen und pfeffern.

FÜR die Sauce Safran und Reismehl zu den übrigen Schalotten geben und 2 Min. anschwitzen. Brühe hinzugießen und die Sauce einmal aufkochen lassen. Die Sauce in eine feuerfeste Form gießen. Artischocken darauf setzen, mit 1 EL Öl beträufeln, abdecken und in der Mitte des Ofens 15–20 Min. garen.

ARTISCHOCKEN aus der Sauce heben. Die Safransauce mit Sahne aufmixen, abschmecken und mit den Artischocken servieren.

118

Überbackene grüne Dinkelknöpfle

gut vorzubereiten • deftig

FÜR 4 PERSONEN

*120 g Blattspinat (ersatzweise 60 g tiefgekühlter,
pürierter Spinat, aufgetaut)*

2 Eier

1 TL Kräutersalz

frisch geriebene Muskatnuß

300 g Dinkelvollkornmehl

Meersalz

1 Zwiebel

1 Knoblauchzehe

1 EL Butter

80 g Emmentaler am Stück

etwas Fett für die Form

QUELLZEIT: 30 MIN.
ZUBEREITUNGSZEIT: 40 MIN.

Pro Person etwa: 450 kcal

FRISCHEN Blattspinat waschen und die groben Stiele entfernen. Spinat kurz in kochendes Wasser tauchen, kalt abschrecken, abtropfen lassen und anschließend gut ausdrücken.

SPINAT mit den Eiern, dem Kräutersalz, etwas Muskatnuß und 100 ml Wasser im Mixer zu einem cremigen Püree aufschlagen.

DINKELMEHL zum Püree geben. Den Teig mit einem Kochlöffel so lange schlagen, bis er glatt ist und Blasen wirft, anschließend zugedeckt 30 Min. quellen lassen.

INZWISCHEN in einem hohen Topf etwa 2 l Salzwasser zum Kochen bringen. Den Backofen auf 180° (Umluft 160°) vorheizen. Die Zwiebel und die Knoblauchzehe schälen, fein hacken und in der Butter glasig dünsten. Den Emmentaler fein reiben.

SPÄTZLETEIG mit dem Knöpflehobel in das siedende Salzwasser hobeln. Die Knöpfle einmal kräftig aufkochen lassen, mit einem Schaumlöffel herausheben und abtropfen lassen. Eventuell mit kaltem Wasser abschrecken.

EINE Auflaufform einfetten. Die Dinkelknöpfle mit den Zwiebeln und dem Käse schichtweise in die Form füllen, dabei mit einer Käseschicht abschließen. Die Knöpfle in der Mitte des Ofens 20–30 Min. überbacken.

Gemüselinsen mit Vollkornspätzle

gelingt leicht • vollwertig

FÜR 4 PERSONEN

1 Rezept Vollkornspätzle (Seite 43)

1 Zwiebel · 1 Knoblauchzehe

150 g Möhren · 150 g Lauch

100 g Knollensellerie

1 EL kaltgepreßtes Olivenöl

1/2 TL getrockneter Majoran

1 Lorbeerblatt · 1 Gewürznelke

1 Wacholderbeere · 2 Pimentkörner

1 TL Meersalz

frisch gemahlener Pfeffer

100 ml Gemüsebrühe

100 g Puy-Linsenkeimlinge (Seite 32)

1/2 Bund glatte Petersilie

100 g saure Sahne

2–3 EL Apfelessig

ZUBEREITUNGSZEIT: 50 MIN.
(+ 35 MIN. FÜR VOLLKORNSPÄTZLE)

Pro Person etwa: 550 kcal

DIE Vollkornspätzle zubereiten und abgedeckt warm stellen.

ZWIEBEL und Knoblauch schälen und fein hacken. Möhren, Lauch und Sellerie putzen, waschen und in 1 x 1 cm große Würfel schneiden. Das Olivenöl erhitzen, die Zwiebel, den Knoblauch, das Gemüse und den Majoran darin unter Rühren bei mittlerer Hitze 2 Min. andünsten. Die Gewürze in ein Mull- oder Leinensäckchen binden und mit dem Salz und etwas Pfeffer zum Gemüse geben. Die Brühe angießen und das Gemüse zugedeckt bißfest garen.

LINSENKEIMLINGE unter kaltem Wasser abspülen, unter das Gemüse mischen und 2 Min. mitgaren.

PETERSILIE waschen, trockentupfen, die Blätter von den Stengeln streifen und fein hacken. Den Gewürzbeutel aus den Gemüselinsen entfernen. Ein Drittel der Gemüselinsen herausnehmen, pürieren und wieder untermischen.

SAURE Sahne glattrühren und mit dem Essig untermischen. Die Gemüselinsen abschmecken, mit Petersilie bestreuen und mit den heißen Vollkornspätzle servieren.

Überbackene Aubergine
mit Tomatennudeln

etwas aufwendiger • würzig

FÜR 4 PERSONEN

250 g Weizen

3 EL kaltgepreßtes Olivenöl

1 Ei · 1 TL Meersalz

2 EL Tomatenmark

1 große Aubergine (etwa 500 g)

1 TL Zitronensaft · 1/2 TL Kräutersalz

80 g Bergkäse (45 % Fett i. Tr.)

1 kleine Zwiebel · 2 Knoblauchzehen

je 2 Stengel Basilikum und Oregano

frisch gemahlener Pfeffer

etwas Fett für die Form

etwas Mehl zum Ausrollen

2 Tomaten

ZUBEREITUNGSZEIT: 1 STD.

Pro Person etwa: 430 kcal

FÜR die Nudeln den Weizen fein mahlen, mit 2 EL Öl, Ei, Meersalz, Tomatenmark und 50–60 ml Wasser vermischen und in 5 Min. zu einem elastischen Teig verkneten. In Folie wickeln und 30 Min. ruhen lassen.

INZWISCHEN die Aubergine waschen, putzen, in 8 etwa 2 cm dicke Scheiben schneiden, mit Zitronensaft beträufeln, mit Kräutersalz bestreuen und 10 Min. ziehen lassen.

BACKOFEN auf 180° (Umluft 160°) vorheizen. Den Bergkäse im Blitzhacker fein hacken. Zwiebel und Knoblauch schälen, klein würfeln. Kräuter waschen, die Blättchen hacken und mit Zwiebel, Knoblauch und Käse vermischen.

AUBERGINENSCHEIBEN trockentupfen, pfeffern und nebeneinander in eine eingefettete feuerfeste Form legen. Tomaten waschen, jeweils in 4 Scheiben schneiden, auf die Auberginenscheiben legen. Mit der Käsemasse bedecken und in der Mitte des Ofens 25–30 Min. überbacken.

WÄHRENDDESSEN den Teig auf leicht bemehlter Fläche 2 mm dünn ausrollen, in Streifen oder andere beliebige Formen schneiden und etwas antrocknen lassen. Tomatennudeln in reichlich Salzwasser in 2 Min. al dente kochen. Zu den Auberginen servieren.

122

Gemüseeintopf

deftig • preiswert

FÜR 4 PERSONEN

1 große Zwiebel

1 Knoblauchzehe

300 g Kartoffeln · 300 g Möhren

300 g grüne Bohnen · 300 g rote Beten

1 EL Butter

1 TL Meersalz

frisch gemahlener Pfeffer

2 EL Tomatenmark

1 Lorbeerblatt

3/4–1 l Gemüsebrühe

2 EL Buchweizengrütze (ersatzweise Haferflocken)

je 1 EL gehackter Dill und Majoran

1 EL gehackte Petersilie

150 g saure Sahne

2–3 EL Apfelessig

ZUBEREITUNGSZEIT: 50 MIN.

Pro Person etwa: 250 kcal

ZWIEBEL und Knoblauchzehe schälen und fein hacken. Die Kartoffeln schälen, waschen und würfeln. Möhren, Bohnen und rote Beten waschen, putzen, eventuell schälen und in mundgerechte Stücke schneiden.

ZWIEBEL und Knoblauch in der Butter glasig werden lassen. Das Gemüse hinzufügen und 3 Min. unter gelegentlichem Rühren dünsten. Mit Salz und Pfeffer würzen. Tomatenmark und Lorbeerblatt hinzufügen und kurz mitdünsten. Die Gemüsebrühe angießen und den Eintopf zugedeckt 25–30 Min. köcheln lassen.

IN der Zwischenzeit die Buchweizengrütze in einer Pfanne ohne Fett unter Rühren anrösten. Dill, Majoran und Petersilie mit der sauren Sahne verrühren.

LORBEERBLATT aus dem Gemüse entfernen, den Eintopf mit Essig, Salz und Pfeffer abschmecken, in vorgewärmte Teller füllen. Die Kräutersahne und den angerösteten Buchweizen dekorativ darüber verteilen.

Calzone mit Pilzfüllung

aus Italien • gelingt leicht

FÜR 4 PERSONEN

150 ml Milch · 20 g frische Hefe

500 g Weizen · Meersalz

3 EL kaltgepreßtes Olivenöl

1 TL getrockneter Oregano

1 Zwiebel

1 Knoblauchzehe

je 2 TL Thymian und Basilikum

300 g Champignons

1 rote Paprikaschote

250 g Mozzarella

frisch gemahlener Pfeffer

100 ml passierte Tomaten

16 schwarze Oliven (ohne Stein)

etwas Fett fürs Backblech

ZUBEREITUNGSZEIT: 1 STD.

Pro Person etwa: 730 kcal

FÜR den Teig die Milch und 150 ml Wasser lauwarm werden lassen, die frische Hefe darin auflösen. Den Weizen fein mahlen, mit 1 1/2 TL Salz, 2 EL Öl und dem Oregano zur Hefemilch geben und in 5 Min. zu einem glatten Teig verkneten. Zugedeckt an einem warmen Ort bis zum doppelten Volumen gehen lassen.

FÜR die Füllung Zwiebel und Knoblauch schälen, fein hacken und mit den Gewürzen in 1 EL Öl hellbraun anbraten, abkühlen lassen. Den Backofen auf 220° (Umluft 200°) vorheizen.

CHAMPIGNONS putzen und in Scheiben schneiden. Paprikaschote waschen, putzen und klein würfeln. Den Mozzarella in 1 x 1 cm große Würfel schneiden, mit der Zwiebelmischung, den Pilzen und der Paprikaschote vermischen. Die Füllung mit Salz und Pfeffer würzen.

HEFETEIG in 4 Portionen teilen. Jede Portion zu einem Fladen von 30 cm Ø ausrollen. Jeweils eine Hälfte mit Tomatenpüree bestreichen. Füllung und Oliven darauf verteilen. Die Teigränder mit Wasser bestreichen. Die nicht belegte Hälfte über die Füllung klappen und die Teigränder mit einer Gabel gut zusammendrücken.

CALZONE auf ein gefettetes Backblech setzen und abgedeckt 10 Min. an einem warmen Ort gehen lassen. Mit Wasser bestreichen und in der Mitte des Ofens 15–20 Min. backen.

Broccoliquiche

für Gäste • gut vorzubereiten

FÜR 4 PERSONEN

200 g Weizen · 50 g Butter

300 g Magerquark

Meersalz

1 Zwiebel · 1 Knoblauchzehe

1 rote Paprikaschote

1 EL kaltgepreßtes Olivenöl

100 g schnittfester Schafkäse

2 Eier · 100 ml Milch

1 TL getrockneter Oregano

50 g angekeimte Mandeln (Seite 32)

500 g Broccoli

frisch gemahlener Pfeffer

3 EL Vollkornsemmelbrösel

12 schwarze Oliven (ohne Stein)

KÜHLZEIT: 45 MIN.
ZUBEREITUNGSZEIT: 1 STD.

Pro Person etwa: 580 kcal

FÜR den Teig den Weizen fein mahlen und abgekühlt mit der grobgehackten Butter verreiben. 200 g Quark und 1/2 TL Salz dazugeben. Alles zu einem glatten Teig verkneten, zu einer Kugel formen und 30 Min. kühl stellen.

INZWISCHEN für den Belag Zwiebel und Knoblauch schälen, fein hacken. Paprikaschote putzen und in 1 x 1 cm große Würfel schneiden. Das Öl erhitzen, Zwiebel, Knoblauch und Paprikaschote darin goldgelb andünsten.

SCHAFKÄSE grob raspeln, mit übrigem Quark, Eiern, Milch und Oregano verrühren. Mandeln abspülen und grob hacken.

BROCCOLI putzen, in Röschen teilen, die Stiele kreuzweise einschneiden. Röschen und Stiele in Salzwasser bißfest blanchieren. Kalt abschrecken und abtropfen lassen.

TEIG zu einer Platte von 32 cm Ø ausrollen und 15 Min. kühl stellen. Den Backofen auf 200° (Umluft 180°) vorheizen.

EINE Quicheform (28 cm Ø) ausfetten. Boden und Rand mit Teig auslegen. Den Boden mit Semmelbröseln bestreuen. Broccoli mit Salz und Pfeffer würzen, in die Form geben und mit Mandeln bestreuen. Die Käsemasse mit der Zwiebel-Paprika-Mischung und den Oliven verrühren, über dem Broccoli verteilen. Die Quiche auf der untersten Schiene des Ofens 30 Min. backen.

FISCH UND FLEISCH *

AUCH in einem vitalstoffreichen und vorwiegend pflanzlich orientierten Menü kann Fisch und Fleisch im Hauptgang in geringen Mengen vorkommen. Meeresfische sind besonders gute Jodlieferanten und enthalten zudem wichtige Fettsäuren. Fleisch bringt wertvolles Eiweiß, aber je nach Sorte auch eine Menge Fett.

DIE abwechlungsreichen und raffinierten Rezepte sind so zusammengestellt, daß Ihnen die reduzierten Mengen an Fleisch und Fisch keine Probleme bereiten werden.

WICHTIG ist eine fettarme Zubereitung und die Kombination mit viel Gemüse. Nur so ist gewährleistet, daß Sie möglichst viel von den Bioaktiven Substanzen aufnehmen.

ÜBERZEUGEN Sie sich selbst, wie köstlich Zanderfilet mit Kartoffelkruste (Seite 135), Kabeljau im Chinakohl (Seite 134), Lammragout (Seite 147) und Entenbrust mit Orangensauce (Seite 148) schmecken.

Forellengratin in der Zucchini

exklusiv • gut vorzubereiten

FÜR 4 PERSONEN

300 g Lachsforellenfilet

1 EL Zitronensaft

Meersalz

frisch gemahlener Pfeffer

100 g Blattspinat · 1 kleine Zwiebel

1 Knoblauchzehe · 1 EL Butter

1 Msp. Muskatnuß

100 g Sahne

2 Zucchini (je 200 g)

1 1/2 TL Kräutersalz

etwas Butter für die Form

40 g Parmesan am Stück

50 ml Gemüsebrühe · 2 Tomaten

2 EL gehacktes Basilikum

12 gehackte schwarze Oliven

KÜHLZEIT: 1 STD.
ZUBEREITUNGSZEIT: 40 MIN.

Pro Person etwa: 360 kcal

LACHSFORELLENFILET grob würfeln, mit Zitronensaft, Salz und Pfeffer vermischen und für 1 Std. ins Gefrierfach stellen.

IN der Zwischenzeit Spinat putzen, waschen und grob hacken. Zwiebel und Knoblauch schälen, fein hacken und in der Butter glasig dünsten. Spinat hinzufügen und zusammenfallen lassen. Die entstandene Flüssigkeit abgießen, Spinat mit Salz, Pfeffer und Muskatnuß würzen.

DAS angefrorene Fischfilet im Blitzhacker portionsweise pürieren und 75 g Sahne unterrühren. Den Backofen auf 200° (Umluft 180°) vorheizen.

ZUCCHINI putzen, längs halbieren und das Fruchtfleisch bis auf einen 1/2 cm breiten Rand auslösen. Zucchinihälften mit Kräutersalz würzen und in eine mit Butter ausgestrichene Auflaufform setzen. Die Spinatmasse unter das Lachsmus mischen, die Zucchini damit füllen.

AUSGELÖSTES Zucchinifleisch, Parmesan, übrige Sahne und die Gemüsebrühe im Mixer aufschlagen. Mit Salz und Pfeffer würzen, um die Zucchini gießen. Zucchini mit Pergament abdecken, im Backofen zunächst 10 Min. garen.

INZWISCHEN die Tomaten waschen, klein würfeln und mit Basilikum, Oliven und etwas Kräutersalz mischen, um die Zucchini verteilen, alles in weiteren 10 Min. fertiggaren.

Reisgratin mit Shrimps

gelingt leicht • etwas teurer

FÜR 4 PERSONEN

1 Rezept Béchamelsauce (Seite 41)

1 kleine Aubergine (etwa 150 g)

Kräutersalz

1 kleiner Zucchino (etwa 150 g)

2 Tomaten

100 g Champignons

1/2 Bund Basilikum

4 Zweige Oregano

1 TL Butter für die Form

200 g gegarter Naturreis

200 g Shrimps

frisch gemahlener Pfeffer

80 g frisch geriebener Emmentaler

12 feingehackte schwarze Oliven

**ZUBEREITUNGSZEIT: 55 MIN.
(+ 20 MIN. FÜR DIE BÉCHAMELSAUCE)**

Pro Person etwa: 485 kcal

BÉCHAMELSAUCE zubereiten und inzwischen beiseite stellen.

AUBERGINE waschen, vom Stielansatz befreien und in 3 mm dünne Scheiben schneiden. Diese mit 1/2 TL Kräutersalz bestreuen und 10 Min. ziehen lassen.

IN der Zwischenzeit den Backofen auf 200° (Umluft 180°) vorheizen. Den Zucchino putzen, waschen und ebenfalls in 3 mm dünne Scheiben schneiden. Tomaten waschen, Champignons putzen, beides in 1/2 cm dicke Scheiben schneiden. Basilikum und Oregano waschen, trockentupfen, die Blätter abzupfen oder abstreifen und fein hacken.

EINE Auflaufform mit Butter einfetten. Gegarten Reis und Shrimps mischen und auf dem Boden der Form verteilen.

AUBERGINENSCHEIBEN trockentupfen. Mit den Zucchinischeiben beginnend das Gemüse in die Auflaufform auf den Reis schichten, dabei jede Lage mit Kräutern, Kräutersalz und Pfeffer würzen. Den Abschluß sollten Auberginenscheiben bilden.

BÉCHAMELSAUCE über dem Gemüse verteilen, mit Käse bestreuen und mit Oliven garnieren. Das Reisgratin in der Mitte des Ofens 30 Min. backen.

Marokkanischer Gewürzreis mit Muscheln

für Partys • würzig

132

FÜR 4 PERSONEN

4 Schalotten · 2 Knoblauchzehen

250 g Tomaten · 200 g Buschbohnen

500 g Mies– oder Venusmuscheln

1/2 TL Kurkuma

1/2 TL Paprikapulver, edelsüß

4 Korianderkörner · 1 Gewürznelke

2 Pimentkörner · 1 Kardamomkapsel

1/4 Zimtstange · 2 Msp. Muskatnuß

2 EL kaltgepreßtes Olivenöl

350 ml Gemüsebrühe · 160 g Basmatireis

Meersalz · frisch gemahlener Pfeffer

1/2 Bund Koriandergrün

1/2 Bund glatte Petersilie

ZUBEREITUNGSZEIT: 1 STD. 10 MIN.

Pro Person etwa: 310 kcal

SCHALOTTEN und Knoblauchzehen schälen und fein hacken. Tomaten waschen, von den Stielansätzen befreien und grob würfeln. Die Buschbohnen waschen und putzen.

MIES- oder Venusmuscheln unter fließendem Wasser gründlich abbürsten. Eventuell vorhandene Bärte entfernen. Offene Muscheln aussortieren und wegwerfen, sie sind ungenießbar.

ALLE Gewürze in einen Mörser geben, ganze Gewürze zerstoßen. Öl in einem großen Topf erhitzen. Schalotten, Knoblauch und Gewürze darin anschwitzen, bis die Schalotten goldgelb sind. Tomaten hinzufügen und 5 Min. mitdünsten. Die Gemüsebrühe angießen, den gewaschenen Basmatireis hinzufügen, alles aufkochen und zugedeckt bei schwacher Hitze zunächst 15 Min. garen.

BOHNEN und Muscheln hinzufügen und weitere 15 Min. köcheln. Den Reis vom Herd nehmen, noch 5–10 Min. nachquellen lassen. Mit Salz und Pfeffer würzen.

KORIANDERGRÜN und Petersilie waschen, trockentupfen, die Blätter von den Stengeln streifen, fein hacken und unter den Gewürzreis mischen.

ANSTELLE von Muscheln können Sie auch Shrimps oder andere Meeresfrüchte verwenden.

Kabeljau im Chinakohl

preiswert • für die schlanke Linie

FÜR 4 PERSONEN

4 kleine Chinakohlblätter

Kräutersalz

1 TL Zitronensaft

1 TL kaltgepreßtes Olivenöl

1/4 TL Currypulver

1 TL Sojasauce

400 g Kabeljaufilet

etwas Fett für die Form

2 EL Sonnenblumenkeimlinge (Seite 32)

1 Frühlingszwiebel

1 Scheibe Vollkorntoast

2 EL Sahne

frisch gemahlener Pfeffer

ZUBEREITUNGSZEIT: 40 MIN.

Pro Person etwa: 120 kcal

CHINAKOHLBLÄTTER in kochendem Salzwasser 2 Min. blanchieren, kalt abschrecken, trockentupfen und mit etwas Salz würzen. Den Backofen auf 200° (Umluft 180°) vorheizen.

FÜR die Marinade Zitronensaft, 1/4 TL Kräutersalz, Öl, Currypulver und Sojasauce miteinander kräftig verrühren. Das Fischfilet in vier gleich große Stücke teilen, mit der Marinade bestreichen und in die Kohlblätter wickeln. Die Fischpäckchen nebeneinander in eine eingefettete feuerfeste Form setzen und mit der restlichen Marinade bepinseln.

KEIMLINGE in einem Sieb gründlich abspülen und gut abtropfen lassen. Die Frühlingszwiebel putzen, waschen und in sehr feine Streifen schneiden. Das Toastbrot im Blitzhacker fein hacken, mit der Sahne, der Frühlingszwiebel und den Keimlingen vermischen. Mit 1/2 TL Kräutersalz und Pfeffer würzen, über die Fischpäckchen verteilen. Den Fisch in der Mitte des Ofens 25 Min. garen.

DAZU paßt Aprikosen-Curry-Sauce (Seite 78) und Quinoa-Risotto (Seite 116).

Zanderfilet mit Kartoffelkruste

raffiniert • für Gäste

FÜR 4 PERSONEN

300 g Kartoffeln · 1 Zwiebel

1 Knoblauchzehe

2 EL kaltgepreßtes Olivenöl

je 2 EL Thymian- und Basilikumblätter

1 TL gehackter Rosmarin · 1 Ei

Kräutersalz · frisch gemahlener Pfeffer

400 g Zanderfilet

1 EL Zitronensaft

je 1 rote und grüne Paprikaschote

1 kleine Stange Lauch

je 1/2 TL Currypulver und Paprikapulver, edelsüß

1 EL Tomatenmark · 50 ml Gemüsebrühe

100 g saure Sahne · 1 EL Apfelessig

ZUBEREITUNGSZEIT: 50 MIN.

Pro Person etwa: 305 kcal

KARTOFFELN schälen, grob raspeln, den Saft ausdrücken und beiseite stellen. Den Backofen auf 200° (Umluft 180°) vorheizen.

ZWIEBEL und Knoblauch schälen, fein hacken und in 1 EL Öl glasig dünsten. Kräuterblätter fein hacken. Vom Kartoffelsaft die Flüssigkeit vorsichtig abgießen. Den zurückgebliebenen Satz, die Stärke, mit der Hälfte der Zwiebeln, Ei, allen Kräutern und den Kartoffeln vermischen, mit Salz und Pfeffer würzen.

ZANDERFILET trockentupfen, noch vorhandene Gräten mit einer Pinzette entfernen. Filet mit Zitronensaft, Salz und Pfeffer würzen. Die Kartoffelmasse auf das Filet drücken. Den Fisch in eine mit dem übrigen Öl ausgefettete Gratinform setzen und in der Mitte des Ofens 25–30 Min. backen.

INZWISCHEN die Paprikaschoten putzen und in Streifen schneiden. Lauch putzen, längs halbieren, waschen und schräg in Streifen schneiden. Gemüse zu den übrigen Zwiebeln geben, Curry- und Paprikapulver einstreuen und 1 Min. anschwitzen. Salzen, pfeffern und das Tomatenmark unterrühren. Die Brühe angießen und das Gemüse in 5–7 Min. bißfest dünsten. Saure Sahne und Essig unter das Gemüse ziehen, zum Fisch servieren.

Überbackenes Meeresfrüchte-Ragout

gelingt leicht • braucht etwas Zeit

FÜR 4 PERSONEN

125 g Muschelfleisch

125 g Shrimps

1 TL Zitronensaft · 1 EL helle Sojasauce

1 Möhre · 150 g Knollensellerie

100 g Zuckerschoten

1 Schalotte · 1 Knoblauchzehe

1 EL Butter · 50 ml Gemüsebrühe

1 Bund Dill

50 g Cocktailtomaten

1 TL Butter für die Form

Meersalz · frisch gemahlener Pfeffer

100 g saure Sahne

80 g frisch geriebener Emmentaler

1 Ei · Cayennepfeffer

ZUBEREITUNGSZEIT: 45 MIN.

Pro Person etwa: 220 kcal

MUSCHELN und Shrimps mit Zitronensaft und Sojasauce vermischen und darin marinieren.

INZWISCHEN alle Gemüse putzen und waschen. Möhre und Sellerie zuerst in dünne Scheiben, dann in Rauten in der Größe der Zuckerschoten schneiden. Schalotte und Knoblauch schälen, fein hacken und in der Butter glasig dünsten. Möhren und Sellerie hinzufügen, die Brühe angießen und das Gemüse in 5 Min. bißfest dünsten. Dann zum Abtropfen in ein Sieb schütten, den Gemüsefond auffangen.

BACKOFEN auf 180° (Umluft 160°) vorheizen. Dill waschen, trockentupfen und fein hacken. Die Tomaten waschen. Eine Gratinform ausfetten. Gedünstetes Gemüse, Zuckerschoten und Tomaten mit den Meeresfrüchten vermischen, mit Salz und Pfeffer würzen und in die Gratinform füllen.

SAURE Sahne mit dem Käse verrühren, den Dill unterziehen. Das Ei mit dem warmen Gemüsefond zu einer luftigen Schaummasse aufschlagen und unter die Käsecreme heben. Creme mit Salz und Cayennepfeffer würzen und über das Gemüse verteilen.

MEERESFRÜCHTE-RAGOUT in der Mitte des Ofens in 15–20 Min. hellgelb überbacken.

DAZU schmecken gut Pellkartoffeln oder Vollkornnudeln.

Fisch-Gemüse-Ragout

für die schlanke Linie • gelingt leicht

138

FÜR 4 PERSONEN

250 g Kabeljaufilet

1 EL Zitronensaft

150 g Zucchini · 250 g Auberginen

1 rote Paprikaschote · 200 g Tomaten

2 kleine Zwiebeln

1 Knoblauchzehe

1 EL kaltkpreßtes Olivenöl

2 EL Tomatenmark

300 ml Gemüsebrühe

Meersalz

frisch gemahlener Pfeffer

100 g saure Sahne

1 EL gehackter Dill

1 EL gehackte Petersilie

ZUBEREITUNGSZEIT: 30 MIN.

Pro Person etwa: 220 kcal

KABELJAUFILET in Würfel schneiden und mit der Hälfte des Zitronensaftes beträufeln.

ALLE Gemüse waschen, putzen und in 2 x 2 cm große Würfel schneiden. Auberginenwürfel im übrigen Zitronensaft wenden und 10 Min. ziehen lassen, dann ausdrücken.

ZWIEBELN und Knoblauch schälen, fein hacken. Beides zusammen mit Auberginen, Zucchini und Paprikaschote im Öl unter Rühren 5 Min. andünsten. Tomatenmark unterrühren, dann die Gemüsebrühe angießen und aufkochen lassen.

FISCHWÜRFEL salzen und pfeffern, zum Gemüse geben und zugedeckt bei mittlerer Hitze 7 Min. garen. Dann die Tomaten unterrühren und 2 Min. mitgaren.

RAGOUT vom Herd ziehen, saure Sahne und Kräuter unterrühren und mit Salz und Pfeffer abschmecken.

ZUM Fisch-Gemüse-Ragout Reisnudeln oder Sesamkartoffeln (Seite 112, ohne den Sprossenquark) servieren.

Gemüsetopf mit Muscheln und Kalbfleisch

etwas aufwendiger • raffiniert

FÜR 4 PERSONEN

200 g Kalbfleisch aus der Schulter

Meersalz · frisch gemahlener Pfeffer

je 2 Zwiebeln und Knoblauchzehen

1 EL Butterschmalz

150 ml Gemüsebrühe

500 g Venus- oder Miesmuscheln

1 kleine Aubergine

1 TL Zitronensaft

1 rote Paprikaschote

4 kleine junge Artischocken (Tudela)

1 EL kaltgepreßtes Olivenöl

Kräutersalz

2 EL gehacktes Basilikum

ZUBEREITUNGSZEIT: 55 MIN.

Pro Person etwa: 260 kcal

KALBFLEISCH in 2 x 2 cm große Würfel schneiden, salzen und pfeffern. Zwiebeln und Knoblauch schälen, fein würfeln.

FLEISCHWÜRFEL mit der Hälfte der Zwiebeln und Knoblauchzehen im heißen Butterschmalz 2 Min. rundherum anbraten. Brühe angießen und zugedeckt bei schwacher Hitze zunächst 20 Min. schmoren.

INZWISCHEN die Muscheln gründlich waschen, offene wegwerfen. Geschlossene Muscheln auf das Fleisch geben und 10 Min. mitgaren. Das Gericht ist fertig, wenn das Fleisch weich ist, die Muscheln sich geöffnet haben und die Brühe sirupartig eingedickt ist.

WÄHRENDDESSEN die Aubergine putzen, würfeln, mit Zitronensaft und etwas Salz vermischen, 10 Min. ziehen lassen. Die Paprikaschote putzen und würfeln.

VON den Artischocken die Stiele herausbrechen und die äußeren Artischockenblätter entfernen. Das Gemüse längs halbieren.

AUBERGINENWÜRFEL ausdrücken. Mit der übrigen Zwiebel-Knoblauch-Mischung, den Paprikawürfeln und den Artischocken im Öl 10 Min. braten. Mit Kräutersalz und frisch gemahlenem Pfeffer würzen.

GEMÜSE unter das Kalbfleisch und die Muscheln heben, abschmecken und mit dem gehackten Basilikum bestreuen.

Rotbarschfilet mit Pestohaube
auf Gemüsenudeln

würzig • für Gäste

FÜR 4 PERSONEN

1 TL Zitronensaft · Meersalz

1 1/2 EL kaltgepreßtes Olivenöl

frisch gemahlener Pfeffer

400 g Rotbarschfilet

1 Bund Basilikum

1 EL Pinienkerne oder Mandeln

20 g Parmesan am Stück

120 g Bandnudeln

2 Möhren · 1 Zucchino

1 kleine Zwiebel · 1 TL Butter

50 ml Gemüsebrühe

Kräutersalz

100 g saure Sahne

ZUBEREITUNGSZEIT: 45 MIN.

Pro Person etwa: 345 kcal.

ZITRONENSAFT, 1/2 TL Salz, 1 TL Öl und etwas Pfeffer kräftig verrühren. Das Rotbarsch-filet rundherum mit der Marinade einstreichen und in eine feuerfeste Form legen. Den Backofen auf 200° (Umluft 180°) vorheizen.

FÜR den Pesto das Basilikum waschen, trockentupfen und die Blätter fein schneiden. Pinienkerne oder Mandeln im Blitzhacker mit dem Parmesan fein zerkleinern. Übriges Öl un-terrühren, danach das Basilikum unterheben. Pesto auf das Fischfilet streichen. Den Fisch in der Mitte des Ofens 15 Min. backen.

INZWISCHEN die Bandnudeln in reichlich Salzwasser kochen. Möhren und Zucchino wa-schen, putzen und längs in dünne Streifen schneiden. Zwiebel schälen, fein würfeln, in der heißen Butter goldgelb anschwitzen und mit Brühe ablöschen. Möhrenstreifen darin 3 Min. dünsten, Zucchinistreifen hinzufügen und alles in weiteren 3 Min. bißfest garen. Das Gemüse mit Kräutersalz würzen.

BANDNUDELN abschütten, mit der sauren Sahne unter das Gemüse heben. Den Fisch auf den Gemüsenudeln anrichten.

Exotische Hähnchenkeule

gut vorzubereiten • für Gäste

142

FÜR 4 PERSONEN

1 große Zwiebel

1 Knoblauchzehe · Meersalz

500 g Staudensellerie

4 kleine Hähnchenkeulen

frisch gemahlener Pfeffer

2 EL Erdnußöl

150 g Naturreis

1 TL gemahlener Koriander

1 TL Currypulver

350 ml Gemüsebrühe

1 EL Cashewkerne

1/4 frische Ananas (etwa 300 g)

150 g selbstgemachter Joghurt (Seite 39)

1/2 Bund Koriandergrün

ZUBEREITUNGSZEIT: 55 MIN.

Pro Person etwa: 450 kcal.

ZWIEBEL schälen, fein hacken. Den Knoblauch schälen und mit etwas Salz zu einer Paste zerdrücken. Selleriestangen waschen, putzen und in 3 cm lange Stücke schneiden.

HÄHNCHENKEULEN salzen und pfeffern. Mit Zwiebel, Knoblauch und Sellerie im heißen Öl 2 Min. anbraten. Reis waschen und hinzufügen, gemahlenen Koriander und Currypulver einstreuen. Die Brühe dazugießen, aufkochen und alles zugedeckt bei schwacher Hitze 40 Min. köcheln lassen.

INZWISCHEN die Cashewkerne grob hacken und in einer Pfanne ohne Fett goldbraun rösten. Die Ananas schälen, den harten Strunk entfernen, das Fruchtfleisch klein würfeln und mit dem Joghurt vermengen. Koriander waschen, trockentupfen, die Blättchen abzupfen und fein hacken.

DAS Gericht mit Salz und Pfeffer abschmecken. Den Ananasjoghurt darüber verteilen, Cashewkerne und Koriander obenauf streuen.

Sauerkraut-Puten-Gulasch

deftig • preiswert

FÜR 4 PERSONEN

1 kleine Zwiebel · 1 Knoblauchzehe

1/2 TL getrockneter Majoran

1 EL kaltgepreßtes Olivenöl · 1 Apfel

400 g selbsteingelegtes Sauerkraut (Seite 38)

1 1/2 TL Paprikapulver, edelsüß

100 ml Gemüsebrühe

je 1 rote und grüne Paprikaschote

200 g Putenbrustfilet

1 kleine Kartoffel

100 g saure Sahne

Meersalz · frisch gemahlener Pfeffer

1 EL Butterschmalz

3 EL gehackte Petersilie

ZUBEREITUNGSZEIT: 35 MIN.

Pro Person etwa: 220 kcal.

ZWIEBEL und Knoblauch schälen, fein hacken und mit dem Majoran im Öl goldgelb anbraten. Apfel waschen, halbieren, entkernen und klein würfeln. Das Sauerkraut grob hacken, mit dem Apfel, 1 TL Paprikapulver und der Brühe zum Zwiebelgemisch geben, aufkochen und zugedeckt bei schwacher Hitze 20 Min. köcheln lassen.

IN der Zwischenzeit die Paprikaschoten waschen, putzen und in 2 x 2 cm große Würfel schneiden. Die Putenbrust trockentupfen und ebenso in 2 x 2 cm große Würfel schneiden.

KARTOFFEL schälen, fein reiben, unter das Sauerkraut mischen und alles noch mal aufkochen lassen. Saure Sahne unter das Kraut ziehen, abschmecken.

BUTTERSCHMALZ in einer Pfanne erhitzen, das Putenfleisch mit den Paprikawürfeln darin unter ständigem Wenden etwa 5 Min. braten, bis das Fleisch durchgebraten ist. Mit je 1/2 TL Paprikapulver und Salz würzen. Den Pfanneninhalt über das Kraut geben, locker unterziehen und das Gulasch mit Petersilie bestreuen.

GUT zum Gulasch schmecken Sesamkartoffeln (Seite 112, ohne den Sprossenquark).

Kartoffelwaffeln mit Putenbrust

raffiniert • würzig

FÜR 4 PERSONEN

2 Tomaten · 1/4 Salatgurke

1 Zwiebel · 4 große Salatblätter

50 g Frischkäse (40 % Fett i. Tr.)

150 g selbstgemachter Joghurt (Seite 39)

1 TL Zitronensaft

1 Stück frischer Meerrettich (etwa 20 g)

1 1/2 TL Kräutersalz

frisch gemahlener Pfeffer

600 g vorwiegend festkochende Kartoffeln

1 Ei · frisch geriebene Muskatnuß

2 EL feingehackte Petersilie

1 EL Butterschmalz

200 g Putenbrustfilet

ein paar Schnittlauchhalme

ZUBEREITUNGSZEIT: 40 MIN.

Pro Person etwa: 320 kcal.

TOMATEN, Gurke und Zwiebel putzen und in Scheiben schneiden. Salat waschen und trockentupfen. Frischkäse mit Joghurt und Zitronensaft verrühren. Meerrettich schälen, fein reiben und unter den Joghurt rühren. Die Meerrettichcreme mit Salz und Pfeffer abschmecken.

KARTOFFELN gründlich waschen, mit Schale auf der mittleren Gemüseraffel reiben, mit dem Ei verrühren und mit 1 TL Salz, Pfeffer und Muskatnuß würzen. Die Petersilie unter den Kartoffelteig mischen.

EIN Waffeleisen erhitzen und mit wenig Fett ausstreichen. Aus dem Kartoffelteig 4 Waffeln backen, warm halten.

PUTENBRUSTFILET in dünne Scheiben schneiden und im übrigen Fett unter Rühren 3 Min. braten. Mit Salz und Pfeffer würzen.

JEDE Kartoffelwaffel mit einem Salatblatt und je einem Viertel der Tomaten-, Gurken- und Zwiebelscheiben belegen. Die Fleischscheiben obenauf legen, die Meerrettichcreme darauf verteilen und mit Schnittlauch garnieren.

WER mag, kann zusätzlich pro Person noch 1 EL Sonnenblumenkeimlinge (Seite 32) darüber streuen.

Rindfleisch mit Rote-Bete-Sauce

braucht etwas Zeit • deftig

FÜR 4 PERSONEN

2 Zwiebeln

1 Lorbeerblatt · 2 Gewürznelken

1 Möhre (etwa 100 g)

1 kleine Stange Lauch

100 g Knollensellerie

400 g Rindfleisch (Flach- oder Querrippe)

1 gekochte Pellkartoffel

200 g gekochte rote Beten

1 Stück frischer Meerrettich (etwa 30 g)

Meersalz · frisch gemahlener Pfeffer

400 g Rosenkohl · 1 EL Butter

frisch geriebene Muskatnuß

ZUBEREITUNGSZEIT: 1 STD.

Pro Person etwa: 260 kcal.

EINE der Zwiebeln schälen, mit dem Lorbeerblatt und den Gewürznelken spicken. Möhre, Lauch und Sellerie waschen und putzen. Das Gemüse, die gespickte Zwiebel und das Rindfleisch in soviel siedendes Wasser geben, daß alles gerade davon bedeckt ist. Zugedeckt darin etwa 50 Min. am Siedepunkt garen, bis das Fleisch weich ist.

FÜR die Sauce die gekochte Kartoffel und die roten Beten pellen und pürieren. Den Meerrettich schälen, fein reiben und untermischen. So viel von der Rindfleischbrühe dazugießen, daß eine sämige Sauce entsteht. Mit Salz und Pfeffer abschmecken.

ROSENKOHL putzen. Die übrige Zwiebel schälen, fein hacken und in der Butter glasig dünsten. Rosenkohl hinzufügen, mit 1/8 l Fleischbrühe angießen und das Gemüse zugedeckt in 8–10 Min. bißfest garen. Mit Salz, Pfeffer und Muskatnuß abschmecken.

RINDFLEISCH aus der Brühe nehmen und quer zur Faser in dünne Scheiben schneiden. Mit dem Wurzelgemüse aus der Fleischbrühe und dem Rosenkohl anrichten. Die Rote-Bete-Sauce getrennt dazu servieren.

ZUM Rindfleisch schmecken gedämpfte oder gekochte Pellkartoffeln gut.

Lammragout

gelingt leicht • für Gäste

FÜR 4 PERSONEN

500 g Kartoffeln

350 g Zwiebeln

2 Knoblauchzehen

400 g Tomaten

200 g Kichererbsenkeimlinge (Seite 32)

400 g Lammschulter

1 TL Meersalz · frisch gemahlener Pfeffer

1 TL getrockneter Thymian

1/2 TL getrockneter Rosmarin

1 EL ungehärtetes Kokosfett oder Butterschmalz

2 EL Tomatenmark

1/2 l Gemüsebrühe

2 EL gehackte Petersilie

ZUBEREITUNGSZEIT: 1 STD.

Pro Person etwa: 450 kcal.

147

KARTOFFELN, Zwiebeln und die Knoblauchzehen schälen. Kartoffeln und Zwiebeln in 3 mm dünne Scheiben schneiden, den Knoblauch fein hacken. Die Tomaten waschen, vom Stielansatz befreien und grob würfeln. Die Kichererbsenkeimlinge gründlich abspülen und gut abtropfen lassen. Den Backofen auf 200° (Umluft 180°) vorheizen.

LAMMSCHULTER in 2 x 2 cm große Würfel schneiden und mit Salz, Pfeffer, Thymian und Rosmarin würzen. Kokosfett oder Butterschmalz in einem Schmortopf erhitzen, Lammfleischwürfel, Zwiebeln und Knoblauch darin 3 Min. anbraten. Das Tomatenmark hinzufügen und 3 Min. mitbraten. Kartoffelscheiben, Kichererbsenkeimlinge und Tomatenwürfel auf das Fleisch geben, die Brühe hinzugießen und alles aufkochen lassen. Den Topf mit einem Deckel gut verschließen, in den Backofen stellen und das Ragout 45 Min. schmoren.

LAMMRAGOUT mit Salz und Pfeffer abschmecken und mit Petersilie bestreuen.

Entenbrust mit Orangensauce

etwas teurer • für Gäste

FÜR 4 PERSONEN

2 Entenbrustfilets (von je 200 g)

1 EL Butterschmalz

3 unbehandelte Orangen

1 Msp. Johannisbrotkernmehl

1/2–1 TL Honig

1 TL frisch geriebener Ingwer

400 g Broccoli

1/8 l Gemüsbrühe

2 EL Pinienkerne

Meersalz

frisch gemahlener Pfeffer

ZUBEREITUNGSZEIT: 40 MIN.

Pro Person etwa: 355 kcal.

BACKOFEN auf 220° (Umluft 200°) vorheizen. Von den Entenbrustfilets die weiße Haut mit einem scharfen Messer entfernen. Das Fleisch im heißen Butterschmalz von beiden Seiten 3 Min. anbraten. Entenbrust in Alufolie wickeln und im Backofen 20 Min. garen.

INZWISCHEN 1 Orange heiß abspülen, abtrocknen, die Schale ganz dünn abschälen und in feine Streifen schneiden. Den Saft auspressen. Die übrigen Orangen schälen und die Filets herausschneiden. Orangensaft und -schale aufkochen und mit dem Johannisbrotkernmehl binden. Die Sauce mit Honig und Ingwer abschmecken, Orangenfilets hineinlegen und die Sauce warm halten.

BROCCOLI putzen und in Röschen teilen, die Stiele schälen und kreuzweise einschneiden. Broccoli in der Gemüsebrühe in 8–10 Min. bißfest garen. Die Pinienkerne in einer Pfanne ohne Fett goldgelb bräunen und über das Gemüse streuen.

ENTENBRUST aus dem Ofen nehmen und noch 5 Min. ruhen lassen. Aus der Folie nehmen, das Fleisch mit Salz und Pfeffer würzen und schräg zur Faser in Scheiben schneiden, mit der Orangensauce und dem Broccoli anrichten.

DAZU können Sie gut das Kartoffel-Apfel-Gratin (Seite 113) servieren.

DESSERTS *

*

ALS Abschluß und Höhepunkt eines jeden vitalstoffreichen Menüs sollte das Dessert stehen. Die anspruchsvollen herrlichen Süßspeisen aus sonnengereiften Früchten mit natürlicher Süße, kombiniert mit Milchprodukten, Mandeln und Nüssen, lassen schließlich das Herz eines jeden Vollwert-Gourmets höher schlagen.

DIE leichten und erfrischenden Nachspeisen – egal ob kalt oder warm serviert – enthalten nicht nur Vitamine und Mineralstoffe, sondern auch reichlich anregende Duft- und Geschmacksstoffe.

EIN schnell zubereiteter Salat aus frischen Früchten, bestreut mit Getreidesprossen, Mandeln oder Pistazien braucht nicht viel Vorbereitung und strahlt Frische und Gesundheit aus. Auch luftige Cremes, zartschmelzendes Eis und selbstgemachtes Konfekt werden jeden Süßschnabel erfreuen.

Birne auf Dattelcreme

gelingt leicht • schnell

FÜR 4 PERSONEN

2 getrocknete Aprikosen

2 EL Sahne · 2 EL Kokosraspel

4 Datteln

150 g selbstgemachter Joghurt (Seite 39)

1 Msp. Vanillemark

1/4 TL Delifruit (Seite 34)

2 reife Williams-Christ-Birnen

12 Himbeeren · 2 Stengel Zitronenmelisse

ZUBEREITUNGSZEIT: 20 MIN.

Pro Person etwa: 190 kcal

APRIKOSEN im Blitzhacker fein hacken, mit Sahne und Kokosraspel vermischen, zu 4 Kugeln formen und kalt stellen.

DATTELN entsteinen, mit der Hälfte des Joghurts, Vanillemark und Delifruit pürieren, übrigen Joghurt unterrühren. Die Sauce in die Mitte von großen Tellern gießen.

BIRNEN halbieren und entkernen. Die Hälften vom Stielansatz her in dünne Spalten schneiden, fächerförmig auf die Sauce legen. Aprikosenkugeln darauf setzen. Mit Himbeeren und Zitronenmelisse garnieren.

152

Kokosnußbanane auf Schokosauce

schmeckt auch Kindern • raffiniert

FÜR 4 PERSONEN

1/8 l Milch

2 TL Kakao oder Carob

2 EL Honig

2 Bananen

50 g Kokosraspel

150 g Erdbeeren

4 EL Sahne

ZUBEREITUNGSZEIT: 20 MIN.

Pro Person etwa: 210 kcal

FÜR die Sauce Milch und Kakao oder Carob unter Rühren 2 Min. kochen, abkühlen lassen und mit 1 EL Honig süßen. Die Sauce in die Mitte von vier großen Tellern gießen.

BANANEN schälen, mit 1 EL Honig einstreichen und in den Kokosraspeln wälzen. Bananen schräg in Scheiben schneiden, kreisförmig auf die Sauce legen.

ERDBEEREN waschen, putzen und längs halbieren. Sahne unter die Beeren mischen und in die Mitte der Teller setzen.

Melone mit Mandelsauce und Aprikoseneis

für Gäste • erfrischend

FÜR 4 PERSONEN

Für das Eis:

300 g reife Aprikosen

5 getrocknete Aprikosen

1 EL geschälte Mandeln

1 EL Honig

4 EL Sahne

Für die Mandelsauce:

1 Orange

4 EL Mandelmus

1 EL Honig

Außerdem:

1 Ogenmelone

150 g Erdbeeren

ZUBEREITUNGSZEIT: 20 MIN.
GEFRIERZEIT: 3 1/2 STD.

Pro Person etwa: 260 kcal

FÜR das Eis die frischen Aprikosen waschen, abtrocknen, halbieren, entsteinen und im Gefrierschrank 2 Std. anfrieren lassen.

GETROCKNETE Aprikosen mit den Mandeln im Blitzhacker grob hacken. Die angefrorenen Aprikosen portionsweise dazugeben und ganz fein hacken. Honig und Sahne unterziehen und die Masse für 1 1/2 Std. tiefkühlen, dabei ab und zu mit einem Schneebesen durchrühren, damit das Eis cremig wird.

INZWISCHEN für die Mandelsauce die Orange auspressen, mit dem Mandelmus und dem Honig verrühren. Die Sauce in die Mitte von vier großen Tellern gießen.

MELONE schälen, halbieren und die Kerne mit einem Löffel entfernen. Melonenfleisch in dekorative Spalten schneiden und kreisförmig auf die Teller legen.

APRIKOSENEIS noch einmal gut durchrühren, mit Hilfe eines warmen Portionierers zu Kugeln formen und in die Mitte der Teller setzen.

ERDBEEREN waschen, putzen, vierteln und als Dekoration auf die Teller verteilen.

DAS Eis läßt sich auch gut in der Eismaschine zubereiten. Anstelle der Aprikosen können Sie auch reife Pfirsiche verwenden.

Kiwi-Feigen-Salat mit Bananencreme

FÜR 4 PERSONEN

4 reife Kiwis

4 frische grüne Feigen

2 Aprikosen

100 ml roter Johannisbeersaft

1 EL grobgehackte Mandeln

4 Datteln · 1 Banane

ZUBEREITUNGSZEIT: 20 MIN.

Pro Person etwa: 150 kcal

vitaminreich • gelingt leicht

KIWIS schälen, in Scheiben schneiden und kreisförmig auf Tellern auslegen. Feigen waschen, trockentupfen und vierteln, auf die Kiwis setzen. Aprikosen waschen, entsteinen und in Spalten schneiden. Johannisbeersaft sirupartig einkochen lassen. Aprikosenspalten mit den Mandeln hinzufügen, alles einmal aufkochen lassen und über die Kiwis geben.

DATTELN entsteinen, im Blitzhacker fein hacken. Die Banane schälen, zerdrücken, unter das Dattelmus heben, das Dessert mit der Bananencreme garnieren.

154

Salat von Zitrusfrüchten

FÜR 4 PERSONEN

4 kernlose Mandarinen

2 Orangen

1 Grapefruit

2 getrocknete Aprikosen

125 g Himbeeren

2 EL geschälte Mandeln

1 EL Pistazienkerne

ZUBEREITUNGSZEIT: 15 MIN.

Pro Person etwa: 180 kcal

für die schlanke Linie • erfrischend

MANDARINEN, Orangen und Grapefruit sorgfältig schälen, in dünne Scheiben schneiden und kreisförmig in der Mitte von großen Tellern auslegen.

APRIKOSEN kleinhacken und über den Salat streuen. Die Himbeeren, falls nötig, behutsam waschen, in die Mitte der Teller verteilen.

MANDELN und Pistazien im Blitzhacker grob hacken und über den Salat streuen.

Kokosnußcreme auf Aprikosen-Ingwer-Sauce

exotisch • raffiniert

FÜR 4 PERSONEN

1 walnußgroßes Stück frischer Ingwer

40 g Naturreis (feingeschrotet)

1/4 l Milch

1 Msp. Vanillemark

8 EL Kokosraspel (etwa 40 g)

1–2 EL Honig

1 Orange

250 g reife Aprikosen

20 Brombeeren

1 TL grobgehackte Pistazienkerne

ZUBEREITUNGSZEIT: 30 MIN.

Pro Person etwa: 255 kcal

INGWER schälen und fein reiben. Für die Creme den geschroteten Reis mit Milch, Vanillemark und 1/2 TL geriebenem Ingwer unter ständigem Rühren zum Kochen bringen und 5 Min. leise köcheln lassen. Danach die Kokosraspel unterziehen. Die Masse auf der ausgeschalteten Herdplatte noch 10 Min. nachquellen lassen. Anschließend 1 EL Honig unterziehen.

WÄHREND die Creme gart, für die Sauce die Orange auspressen. Die Aprikosen waschen, abtrocknen, entsteinen und das Fruchtfleisch mit dem Orangensaft und dem übrigen Ingwer im Mixer zu einer Sauce aufmixen. Nach Belieben mit Honig süßen.

APRIKOSENSAUCE in die Mitte von vier flachen Tellern gießen. Von der Kokosnußcreme mit 2 Eßlöffeln Nocken abstechen, je 3 Nocken auf jeden Teller setzen. Das Dessert mit Brombeeren und Pistazien garnieren.

KRÄFTIGER im Geschmack wird die Kokosnußcreme, wenn Sie die Kokosraspel vorher ohne Fett etwas anrösten. Statt der Aprikosen läßt sich die Sauce auch mit reifen Pfirsichen oder Mango zubereiten.

Joghurttimbale auf Sauerkirschsauce

für Gäste • kalorienarm

FÜR 4 PERSONEN

Für die Timbalen:

1 TL Agar-Agar

100 ml Apfelsaft

1 EL geschälte Mandeln

300 g selbstgemachter Joghurt (Seite 39)

2 Msp. Vanillemark

2 EL Honig

Für die Sauce:

1 EL Mandelblättchen

60 g Datteln

100 g Sauerkirschen

100 ml Sauerkirschsaft

1/2 TL Delifruit (Seite 34)

ZUBEREITUNGSZEIT: 1 STD. 10 MIN.

Pro Person etwa: 210 kcal

FÜR die Timbalen das Agar-Agar im Apfelsaft auflösen, 2 Min. unter Rühren kochen, dann lauwarm abkühlen lassen.

MANDELN grob hacken, in einer Pfanne ohne Fett hellbraun rösten, herausnehmen und anschließend die Mandelblättchen für die Sauce goldgelb bräunen.

JOGHURT im Wasserbad lauwarm werden lassen, gehackte Mandeln, Vanillemark und Honig unterziehen. Die Joghurtmasse unter das Agar-Agar rühren und sofort in vier kalt ausgespülte Portionsförmchen oder Tassen füllen. Für 1 Std. in den Kühlschrank stellen.

INZWISCHEN für die Sauce die Datteln enthäuten, entsteinen und grob würfeln. Kirschen waschen und entsteinen. Den Kirschsaft mit der Hälfte der Kirschen und dem Delifruit 5 Min. bei schwacher Hitze kochen, bis die Kirschen zerfallen. Die Datteln dazugeben und alles im Mixer cremig aufschlagen.

SAUERKIRSCHSAUCE in die Mitte von vier großen Tellern gießen. Die Joghurttimbalen aus den Förmchen auf die Sauce stürzen. Das Dessert mit den übrigen Sauerkirschen und den gerösteten Mandelblättchen garnieren.

Gefüllte Erdbeeren
auf Limetten-Joghurt-Sauce

raffiniert • fürs Buffet

FÜR 4 PERSONEN

75 g Datteln

50 g geschälte Mandeln

12 reife, große Erdbeeren

1 Limette

150 g selbstgemachter Joghurt (Seite 39)

1 EL Honig

1 Msp. Vanillemark

2 Zweige Zitronenmelisse

ZUBEREITUNGSZEIT: 25 MIN.

Pro Person etwa: 140 kcal

FÜR die Füllung die Datteln enthäuten und entsteinen. Die Mandeln im Blitzhacker fein hacken. Datteln dazugeben und so lange weiterhacken, bis eine marzipanähnliche Masse entstanden ist.

DATTELMARZIPAN zu einem 5 mm dicken Strang formen und daraus 12 Stücke in der Länge der Erdbeeren schneiden.

ERDBEEREN behutsam waschen, gut abtropfen lassen oder trockentupfen und die Stielansätze entfernen. Erdbeeren von oben mit einem 5 mm dicken Ausstecher aushöhlen. Jeweils 1 Stück Dattelmarzipan in 1 Erdbeere drücken. Die gefüllten Erdbeeren kühl stellen.

INZWISCHEN für die Sauce die Limette heiß abspülen und abtrocknen. Die Schale entweder dünn abschneiden und anschließend möglichst fein hacken oder mit einem Zestenreißer in feinen Streifen von der Frucht ziehen. Die Limette halbieren und auspressen.

JOGHURT mit Honig, Limettensaft, Vanillemark und dem ausgelösten Erdbeerfruchtfleisch zu einer Sauce pürieren.

SAUCE als »Spiegel« auf vier große Teller gießen. Die gefüllten Erdbeeren darauf verteilen, mit Zitronenmelisseblättchen und Limettenschale garnieren.

Sesamkonfekt

exotisch • für Partys

FÜR ETWA 24 STÜCK

4 getrocknete Feigen

4 getrocknete Pflaumen

8 Datteln

50 g Rosinen

Saft von 1 Orange

1 Stück frischer Ingwer (etwa 20 g)

50 g geschälte Mandeln

50 g Kokosraspel

abgeriebene Schale von 1 unbehandelten Zitrone

1/2 TL Delifruit (Seite 34)

50 g Sesamsprossen (Seite 32)

ZUBEREITUNGSZEIT: 20 MIN.
MARINIERZEIT: 2 STD.
RUHEZEIT: 1 STD.

Pro Stück etwa: 60 kcal

FEIGEN und Pflaumen waschen und vierteln, die Datteln entsteinen. Alles mit den Rosinen in eine kleine Schüssel füllen, mit Orangensaft begießen und zugedeckt darin 2 Std. marinieren.

INGWER schälen und fein reiben. Mandeln im Blitzhacker sehr fein hacken. Die marinierten Trockenfrüchte ebenfalls im Blitzhacker sehr fein hacken.

TROCKENFRÜCHTE, Ingwer, Mandeln und Kokosraspel, Zitronenschale und Delifruit vermischen. Die Masse zu einer 2 cm dicken und 50 cm langen Rolle formen und für 1 Std. in den Kühlschrank stellen.

IN der Zwischenzeit die Sesamsprossen in einem Sieb gründlich abspülen und gut abtropfen lassen.

GEKÜHLTE Fruchtmasse in 2 cm lange Stücke schneiden und in den Sesamsprossen wälzen. Auf einer Platte dekorativ anrichten.

DAS Sesamkonfekt können Sie je nach Jahreszeit mit frischen Früchten garnieren.

Mandel-Orangen-Torte

gut vorzubereiten • etwas aufwendiger

FÜR 24 STÜCKE

400 g getrocknete, ungeschwefelte Aprikosen

200 g geschälte Mandeln

2 unbehandelte Orangen

100 g frische Datteln

200 g Cashewkerne

24 Himbeeren

EINWEICHZEIT: 8 STD.
ZUBEREITUNGSZEIT: 30 MIN.
KÜHLZEIT: 1 STD.

Pro Stück etwa: 145 kcal

GETROCKNETE Aprikosen vierteln. Aprikosen und Mandeln getrennt in jeweils 200 ml Wasser zugedeckt mindestens 8 Std. (oder über Nacht) einweichen. Die Mandeln anschließend abtropfen lassen.

MANDELN mit der Hälfte der Aprikosen durch die feine Scheibe des Fleischwolfes drehen oder portionsweise im Blitzhacker ganz fein zerkleinern. Die Orangen heiß abwaschen, abtrocknen und die Schale fein abreiben, den Saft auspressen. Orangenschale unter die Mandel-Aprikosen-Masse kneten. Masse auf den Boden einer Springform (26 cm Ø) drücken.

SOVIEL vom Orangensaft mit den Datteln sehr fein pürieren, bis eine streichbare Creme mit glatter Konsistenz entstanden ist. Ein Drittel dieser Crememenge auf dem Mandel-Aprikosen-Boden geben.

CASHEWKERNE mit den übrigen Aprikosen im Blitzhacker ganz fein zerkleinern und gleichmäßig auf der Torte verteilen. Die Torte mit der restlichen Orangencreme überziehen und im Kühlschrank 1 Std. durchziehen lassen.

KURZ vor dem Servieren die Mandel-Orangen-Torte in 24 Stücke teilen und mit den Himbeeren garnieren.

Ananasgratin mit Bananen-Himbeer-Eis

für Gäste • raffiniert

FÜR 4 PERSONEN

Für das Eis:

2 Bananen

50 g Himbeeren

1 EL Honig

75 g selbstgemachter Joghurt (Seite 39)

Für das Gratin:

1/2 frische Ananas (etwa 500 g)

30 g getrocknete Aprikosen

1 Eigelb

2 EL Sahne

2 EL Kokosraspel

2 EL Haferflocken

1 Eiweiß · Meersalz

2–3 Stengel Zitronenmelisse

ZUBEREITUNGSZEIT: 45 MIN.
GEFRIERZEIT FÜR DAS EIS: 2 1/2 STD.

Pro Person etwa: 170 kcal

FÜR das Eis die Bananen schälen, grob würfeln und mit den Himbeeren im Gefrierschrank 2 Std. gefrieren lassen.

ANSCHLIESSEND die Früchte im Blitzhacker portionsweise ganz fein hacken. Honig und Joghurt darunterrühren. Das Eis noch mal kurz anfrieren lassen, dabei ab und zu durchrühren, damit es schön cremig bleibt.

INZWISCHEN den Backofen auf 200° (Umluft 180°) vorheizen. Für das Gratin die Ananas von Schale und Strunk befreien, in 8 gleich große Stücke schneiden und nebeneinander in eine feuerfeste Auflaufform setzen.

APRIKOSEN grob hacken. Das Ei trennen. Aprikosen mit Eigelb, Sahne, Kokosraspel und Haferflocken gründlich vermischen. Das Eiweiß mit 1 Prise Salz zu steifem Schnee schlagen und unter die Aprikosenmasse ziehen.

ANANASSTÜCKE mit der Aprikosenmasse bedecken und im Backofen in 5–7 Min. goldgelb überbacken.

ANANASGRATIN mit dem Bananen-Himbeer-Eis dekorativ anrichten und mit Zitronenmelisseblättchen garnieren.

DAS Bananen-Himbeer-Eis läßt sich natürlich auch bequem in einer Eismaschine zubereiten.

Sachregister

Rezeptregister

Rezeptregister

REIHE: LUST AUF VEGETARISCH
für alle die sich gern verwöhnen lassen wollen

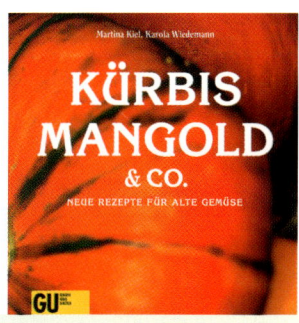

ISBN 3-7742-4182-1
96 Seiten

ISBN 3-7742-2776-4
96 Seiten

ISBN 3-7742-2817-5
96 Seiten

ISBN 3-7742-2986-4
96 Seiten

Eine der genußvollsten Arten, sich gesund und fit zu essen. Diese Reihe zeigt, wie fantastisch vegetarische Küche schmecken kann. Mit stimmungsvollen Fotos und vielen praktischen Tips in den Umschlag- Klappen.

WEITERE LIEFERBARE TITEL:

➤ ASIEN VEGETARISCH

➤ AYURVEDA TYPGERECHT KOCHEN

➤ VEGETARISCHES AUS DEM BACKOFEN

➤ KORN & CO

➤ VEGETARISCHE MITTELMEERKÜCHE

➤ PIZZA, PASTA, POMODORE

Impressum

Die Temperaturen bei Gasherden variieren von Hersteller zu Hersteller. Welche Stufe Ihres Herdes der jeweils angegebenen Temperatur entspricht, entnehmen Sie bitte der Gebrauchsanweisung.

Abkürzungen:

TL = Teelöffel (gestrichen)
EL = Eßlöffel (gestrichen)
Msp. = Messerspitze
ml = Milliliter
Ø = Durchmesser
E = Eiweiß
F = Fett
KH = Kohlenhydrate
kcal = Kilokalorien

REDAKTION: Ina Schröter
LEKTORAT: Dipl. oec. troph. Marlisa Szwillus
LAYOUT UND GESTALTUNG: Claudia Fillmann, independent, Medien-Design
HERSTELLUNG: Verena Römer
FOTOS: FoodPhotography Eising
SATZ: Layout & Grafik 1000 GmbH, München
REPRO: Fotolito Longo
DRUCK UND BINDUNG: Appl, Wemding

ISBN 3-7742-3664-X

AUFLAGE: 4. 3. 2. 1.
JAHR: 01 00 99 98

Ein Dankeschön für die Unterstützung bei der Fotoproduktion: LSA (London), Mercantile (München), Petra Fischer (München), IDC/Sompex (Meerbusch), Sia (Trier), WMF (Geislingen/Steige), Scof (F -Remy-sur-Durolle), Arzberg (Kirchenlamitz), ASA (Höhr-Grenzhausen), Habitat (Hamburg)

Prof. Dr. rer. nat. Claus Leitzmann

Er ist einer der führenden Experten auf dem Gebiet der Bioaktiven Substanzen. Seine weiteren Arbeitsschwerpunkte sind: Ernährungsprobleme in Entwicklungsländern, Ernährungsökologie und alternative Kostformen. Er lehrte bis Herbst 1998 am Institut für Ernährungswissenschaft an der Universität Gießen. Als Buchautor und durch Vortragsveranstaltungen gibt er sein umfangreiches Wissen von der Ernährung des Menschen auch für Laien nachvollziehbar und leicht verständlich weiter.

Helmut Million

Er ist Küchenmeister und Konditor, Diätkoch DGE, Dozent für Vollwerternährung an der UGB-Akademie Gießen und Autor vieler Kochbücher. Als Chefkoch in der Kurpark-Klinik in Überlingen am Bodensee praktiziert er täglich in seiner Küche mit großem Erfolg die neuesten Erkenntnisse über die Bioaktiven Substanzen. Die raffinierten Gerichte in diesem Buch sind eine Auslese seiner Kreationen.

Die Fotografen

Susie M. und Pete A. Eising haben Studios in München und Kennebunkport, Maine (U.S.A.). Sie studierten an der Fachakademie für Photodesign in München. 1981 gründeten sie ihr eigenes Studio für Food Fotografie, das dank der gemeinsamen Passion für Eßkultur und kulinarische Ästhetik rasch internationales Renommée erwarb. Ihre Kenntnisse über fremde Küchen und Kulturen vertiefen Susie M. und Pete A. Eising auf zahlreichen Reisen, von denen sie immer wieder neue Eindrücke in die künstlerische Gestaltung ihrer Produktion einbringen. Für dieses Buch:

Martina Görlach: Fotografische Gestaltung
Monika Schuster: Foodstyling